Rjunosuke Akutagava
RAŠOMON I DRUGE PRIČE
芥川龍之介
羅生門

REČ I MISAO
KNJIGA 587

Urednik
SIMON SIMONOVIĆ

Redakcija prevoda
HIROŠI JAMASAKI-VUKELIĆ

RJUNOSUKE AKUTAGAVA

RAŠOMON
I DRUGE PRIČE

S japanskog preveli
DANIJELA VASIĆ
I
DALIBOR KLIČKOVIĆ

IZDAVAČKO PREDUZEĆE „RAD"
BEOGRAD

RAŠOMON

Dogodilo se to jednog dana u predvečerje. Jedan sluga stajao je pod kapijom Rašomon i čekao da stane kiša.

Pod tom prostranom kapijom nije bilo nikog osim njega. Samo je jedan cvrčak stajao na velikom okruglom stubu, sa kog se tu i tamo oljuštila crvena boja. Kako se kapija nalazi na glavnoj ulici Suzaku, mogle su se tu, u iščekivanju prestanka kiše, pored ovog čoveka naći još dve-tri osobe sa onim širokim ženskim šeširom ili mekom muškom kapom na glavi. Osim njega, međutim, nikoga više nije bilo.

Naime, u poslednje dve-tri godine zaređale su se u Kjotu nesreće kao što su zemljotres, vihor, požari i glad. One su opustošile prestonicu. Kako kažu drevne hronike, ljudi su lomili statue Bude i obredne predmete iz hramova da bi to drvo, na kome još beše tragova crvene boje i pozlate, slagali na gomile pored puta i prodavali za ogrev. Pa kad je u samome gradu bilo ovako, razumljivo je to što se niko nije postarao za popravku kapije Rašomon. Zato su ovu pustoš iskoristile lisice i rakuni kako bi se tu nastanili. Nastanili su se i lopovi. A ustalo se, najzad, i običaj da se na kapiju donose i ostavljaju pokojnici koje nema ko da preuzme. Stoga su se svi, kad zađe sunčev zrak, grozili ovog mesta i nisu prilazili ni blizu kapije.

Ali, zato se odnekud beše skupilo mnogo gavranova. Pogleda li se danju, mnoštvo tih ptica grakćući je kružilo oko visokih ukrasa na krovu. A kad bi nebo nad kapijom porumenelo pod večernjim suncem, gavranovi su se ocrtavali naročito jasno, poput rasutih zrna susama. Naravno, oni su dolazili da kljuju meso leševa koji su se nalazili na kapiji. Danas, doduše, možda i zato što je već kasno, na vidiku nema ni jednog jedinog. Ponegde se može videti jedino njihov izmet kako se tačkasto beli, zalepljen na ruševnim kamenim stepenicama obraslim travom na napuklinama. Na najvišem od sedam stepenika, u teget odori izbledeloj od pranja, sedeo je sluga i odsutno posmatrao kako pada kiša, dok mu je svu pažnju zaokupljao veliki prišt na desnom obrazu.

Pisac je maločas napisao kako je sluga „čekao da stane kiša". Međutim, čak i kad bi kiša prestala, on ne bi imao šta da radi. Da je sve kao i obično, svakako bi se vratio domu svoga gospodara. No, taj gospodar ga je upravo otpustio pre četiri-pet dana. Kao što sam ranije već napisao, u to vreme Kjoto beše nemalo propao. I to što je gospodar sad otpustio ovog slugu koji mu je dugo godina služio, ne beše zapravo ništa drugo do jedna manja posledica ovakvog propadanja. Ispravnije bi, stoga, bilo kazati da je „sluga, zarobljen kišom, bio potpuno izgubljen jer nije imao kuda da pođe", nego da je „čekao da stane kiša". Povrh toga, na „sentimentalnost" ovog čoveka iz Heian perioda nemalo je uticalo i današnje oblačno nebo. Još nije izgledalo da bi kiša, koja pada od četiri sata popodne, mogla da prestane. I sluga je odsutno slušao zvuk te kiše, koja još uvek pada po glavnoj ulici

Suzaku, prateći tok svojih nepovezanih misli o tome kako da, bez obzira na sve, preživi nekako barem sutrašnji dan, ili bolje rečeno, kako da se izvuče iz ovog bezizlaznog položaja. Kiša je pljušteći pristizala iz daljine i obavijala kapiju Rašomon. Nebeski svod spuštao se polagano pod sumrakom, a krov kapije, pogleda li se nagore, vrhovima ukoso isturenih crepova pridržavao je teške tamne oblake.

Nije imao vremena da bira sredstvo kako bi se izvukao iz bezizlaznog položaja. Ako bi birao, mogao bi samo da umre od gladi ispod neke ograde ili na zemlji ukraj puta. Onda bi ga jednostavno doneli na ovu kapiju i bacili poput psa. Ali, ako ne bi birao... Prelazeći uvek iznova istu putanju, slugine misli konačno stigoše do tog zaključka. Ipak, to „ako", na kraju krajeva, bilo je još uvek samo „ako". Premda se priklanjao tome da ne bira sredstva, nije iznalazio dovoljno hrabrosti da potvrdi kako „mu nema druge nego da postane lopov", što bi prirodno moralo uslediti kako bi se dokončalo to „ako".

Sluga je glasno kinuo, a zatim umorno ustao. Sveže je veče u Kjotu, dovoljno hladno da čovek poželi vatre iz mangala. Sa sumrakom, vetar bezobzirno stade duvati između stubova kapije. Nekud je otišao i onaj cvrčak koji je stajao na crvenom stubu.

Uvlačeći vrat i podižući ramena u teget odori preko žute košulje, sluga osmotri okolinu kapije. Kako god bilo, želeo je da mirno prespava tu noć, ako bi se negde našlo neko mesto gde bi bio zaklonjen od kiše i vetra, bez straha da će ga ljudi primetiti. Na sreću, tada ugleda široke lestve, one iste crvene boje, koje su vodile na sprat kapije. Čak i ako gore ima koga, to su sve sami pokojnici. Sluga nogom u slamenoj sandali zakorači na prvu prečagu, pazeći da mu mač prostog drvenog balčaka ne klizne iz korica.

Prošlo je nekoliko minuta. Na sredini širokih lestvi koje vode na sprat kapije, jedan čovek, leđa povijenih kao u mačke, pritajen je osmatrao šta se gore događa. Svetlost vatre koja je odozgo dopirala, jedva primetno kvasila je njegov desni obraz. To je onaj obraz na kome se, pod kratkom bradom, nalazio gnojni crveni prišt. Sluga je unapred bilo uveren da su gore sve sami pokojnici. Međutim, popevši se lestvama dve, tri prečage više, učinilo mu se da je gore neko sa upaljenom vatrom, koja se, štaviše, kretala tamo-amo. Odmah je to shvatio jer se ta mutnožuta lelujava svetlost odražavala na tavanici prekrivenoj paučinom. To nipošto nije tek običan čovek, čim u ovoj kišnoj noći pali vatru na kapiji Rašomon.

Prikradajući se poput guštera, sluga se strmim lestvama jedva uspuzao sve do gornje prečage. Zatim se sagnu i ispruži vrat koliko god je to bilo moguće, pa bojažljivo proviri unutra.

U toj prostoriji beše nemarno ostavljeno nekoliko tela, baš kao što se i pričalo, no kako svetlost nije dopirala tako daleko kao što je mislio, nije znao koliko ih je. Jedino se, mada nejasno, dalo primetiti to da ih je bilo i nagih i odevenih. Naravno, beše tu i muškaraca i žena. I svi su oni, poput lutaka zamešenih od zemlje, ležali na podu otvorenih usta i ispruženih ruku, tako da se moglo posumnjati u to da su nekad uopšte i bili živi ljudi. Povrh toga, izbočeni delovi njihovih tela, kao što su ramena ili grudi, bili su mutno osvetljeni svetlošću vatre, zbog čega je na one niže padala još tamnija senka, te su tako ćutali, zauvek nemi.

Zbog zadaha raspadanja, sluga nehotice pokri nos. Ta je ruka, međutim, već u sledećem trenutku zaboravila da ga pokrije. Jedno snažno osećanje gotovo u potpunosti je onesposobilo slugino čulo mirisa. Njegovo oko tek tad je uočilo priliku što čučaše među leševima. Bila je to sedokosa starica u smeđoj odeći, mršava i omalena, nalik majmunu. U desnoj ruci držala je zapaljenu baklju od borovog drveta i izbliza posmatrala lice jednog pokojnika. Sudeći po dužini kose, to je verovatno bilo telo žene.

Podstaknut više strahom a manje znatiželjom, sluga je na trenutak zaboravio čak i da diše. Osećao je, ako bismo se poslužili rečima drevnih hroničara, kako „mu se podigla svaka dlaka na telu". Tada starica zatače onu borovu baklju između podnih dasaka, položi ruke na glavu pokojnice koju je do maločas posmatrala, te stade čupati duge vlasi, jednu po jednu, baš kao što majka majmunica trebi vaši svom mladunčetu. Činilo se da vlasi lako otpadaju, prateći pokret ruke.

Kako su vlasi jedna po jedna otpadale, tako i straha malo po malo nestajaše iz sluginog srca. A onda se, istovremeno, lagano počela javljati silna mržnja prema ovoj starici. U stvari, mogli biste me pogrešno razumeti ako kažem „prema starici". Iz minuta u minut jačala je, zapravo, odbojnost prema svakom zlu. Da je neko u ovom trenutku slugi ponovo postavio pitanje o kome je maločas razmišljao dole pod kapijom, da li da umre od gladi ili da postane lopov, on bi verovatno bez trunke žaljenja odabrao smrt. Eto toliko silovito se rasplamsala njegova mržnja prema zlu, baš poput one staričine borove baklje zabijene u pod.

Sluga, razume se, nije mogao znati zbog čega starica čupa vlasi pokojnice. Nije, stoga, mogao racionalno da oceni da li je to dobro ili loše. Za njega je, međutim, neoprostivo zlo bilo već samo to što neko u kišnoj noći na kapiji Rašomon čupa kosu pokojnika. Naravno, sluga je odavno već zaboravio da je i on sam sve do maločas bio spreman da postane lopov.

A onda se iz sve snage odbacio nogama i sa lestvi naglo poleteo gore. Zatim se, sa rukom na maču prostog drvenog balčaka, krupnim koracima ustremio ka starici. Nije potrebno reći da se ona silno iznenadila.

Ugledavši slugu, starica je poskočila kao ispaljena iz katapulta.

„Ti! Kuda ćeš!"

Vičući ovako na staricu, on joj preseče put u trenutku kad je ona, sva pometena, bezglavo krenula da pobegne saplićući se o mrtvace. Ona ipak pokuša da ga odgurne i tako umakne. Sluga je, opet, gurnu nazad, ne dajući joj da pobegne. Rvali su se njih dvoje bez reči tako neko vreme, tu među leševima. Ipak, pobednik se znao već od početka. Sluga joj najzad zgrabi ruku, zavrnu je i tako na silu obori dole. Ta ruka beše poput kokošije noge, sama kost i koža.

„Šta to radiš? Odgovori mi! Ne kažeš li, dobićeš ovo!"

Odgurnuvši staricu, sluga munjevito isuka mač i blistavo sečivo podignu ispred njenih očiju. Ali, starica je ćutala. Ćutala je uporno, kao da je nema, zadihana i očiju toliko iskolačenih da bi joj očne jabučice svakog časa mogle izleteti ispod kapaka, dok su joj se obe ruke tresle. Primetivši to, sluga je postao potpuno svestan toga da se staričin život nalazi posve pod kontrolom njegove volje. Svest o tome neprimetno ohladi njegovo srce koje je do sada plamtelo silovitom mržnjom. Posle svega osta samo spokojno osećanje ponosa i zadovoljstva, kao nakon uspešno obavljena posla. Gledajući je odozgo, sluga je nešto blažim glasom ovako rekao:

„Ja nisam iz redarstva. Putnik sam i sad sam prolazio dole pored kapije. Stoga te neću uhapsiti niti sa tobom bilo šta učiniti. Dovoljno je samo da mi ispričaš šta ti radiš ovde gore u ovo doba."

A starica još više razrogači oči, netremice posmatrajući slugino lice. Gledala ga je pocrvenelih kapaka, okom oštrim kao u ptice grabljivice. A onda je, kao da nešto žvaće, počela da pomera usne, koje borama gotovo behu spojene sa nosem. Videlo se kako se oštra jabučica pokreće u tankom grlu. Tada je do sluginih ušiju iz tog grla dopro sipljivi glas, sličan graktanju vrana.

„Čupam ovu kosu, čupam ovu kosu, kako bih od nje napravila vlasulju."

Njen odgovor beše isuviše običan i to je slugu razočaralo. A zajedno sa razočarenjem, u srce mu se opet uvukla ona ranija mržnja praćena hladnim prezirom. Verovatno je i starica to odmah shvatila. Još uvek držeći u jednoj ruci duge vlasi otrgnute sa glave pokojnice, glasom kao u žabe krastače, ona je promumlala:

„Znam koliko je loše to što mrtvacima čupam kosu. Ali, ovi mrtvaci ovde mahom su zaslužili ovako nešto. Ova žena čiju sam kosu upravo čupala sekla je zmije na komade, sušila ih i odlazila da ih prodaje vojnicima u stražari kao sušenu ribu. Da je nije odnela zaraza, verovatno bi je i sada prodavala. Kažu da je ta sušena riba slovila kao ukusna pa su je vojnici redovno kupovali za ručak uz pirinač. Ja ne mislim da je ona učinila nešto loše. Nije joj bilo druge, jer bi inače skapala od gladi. Zato ne mislim ni da je loše ono što ja činim. Ni meni nema druge, inače bih i ja skapala od gladi. Valjda bi mi ova žena oprostila, jer je dobro znala kako je to."

Sluga je vratio mač u korice i hladno slušao njene reči, pridržavajući balčak levom rukom. Slušao ih je, dok mu je, naravno, desna ruka bila zauzeta velikim gnojnim crvenim prištom na desnom obrazu. Ipak, slušajući ovo, u njegovom srcu rađala se nekakva hrabrost. To je ona hrabrost koje mu je nedostajalo maločas pod kapijom. Beše to, takođe, hrabrost koja je išla u pravcu sasvim suprotnom od one sa kojom se malopre popeo na kapiju i uhvatio ovu staricu. Ne samo da se više nije dvoumio oko toga da li umreti od gladi ili postati lopov. Što se njega tiče, umiranje od gladi bilo je sada prognano iz njegove svesti i on na to gotovo više ne bi ni mogao da pomisli.

„Je l' stvarno tako?"

Kad je starica završila, sluga je podrugljivim glasom ovako potvrdio. Iskoračivši korak napred, on neočekivano skloni desnu ruku sa prišta, zgrabi staricu za okovratnik i osorno reče:

„Dakle, ni ti se verovatno ne bi ljutila kad bih strgnuo odeću sa tebe. I ja ću skapati od gladi ne učinim li to."

Onda munjevito strže njenu odeću. Starica mu se pripi uz noge, no on je udarcem grubo odbaci među leševe. Do lestvi na izlazu beše tek nekih pet koraka. Sa strgnutom smeđom odećom pod pazuhom, sluga se za tren oka sjurio niz strme lestve dole u noć.

Prođe neko vreme i starica, koja je ležala kao mrtva, ustade naga između leševa. Mrmljajući i ječeći, pod svetlošću vatre koja je još gorela, otpuza do izlaza. Zatim odatle pogleda pod kapiju, dok joj je kratka seda kosa visila dole preko glave. Napolju nije bilo ničeg do gluve tamne noći.

Niko ne zna kuda je sluga otišao.

U ČESTARU

Tako je. Tačno je da sam ja pronašao leš. Jutros sam, kao i obično, pošao na brdo iza sela da sečem kedar. A u čestaru, na senovitoj strani brda, nalazio se taj leš. Pitate gde je tačno bio? Nekih pola kilometra daleko od glavnog druma za Jamašinu. To je jedno pusto mesto obraslo bambusom, prošaranim ponegde vitkim kedrovim drvećem.

Ležao je na leđima, u svetloplavom kaputu i sa naboranom visokom kapom prestoničkog stila na glavi. Iako je bio proboden mačem samo jednom, rana mu beše na grudima pa je bambusovo lišće oko njega bilo kao natopljeno tamnocrvenom bojom sapanovine. Krv, zapravo, nije više tekla. Činilo se da se rana osušila. Štaviše, tu se beše prilepila jedna konjska muva, kao da nije ni čula moje korake.

Da li sam video mač ili štogod drugo? Ne, ničega nije bilo. Samo je pod kedrovim drvetom kraj njega ležalo jedno uže. Zatim... a da, osim užeta bio je i češalj. Kraj leša su se nalazile samo ove dve stvari. Ali, pre nego što je bio ubijen, mora da se očajnički borio, jer su uokolo sva trava i lišće bambusa bili izgaženi. Šta, da li je bilo konja? Konj tamo, zapravo, ne bi mogao ni da uđe. Konjski put prolazi odmah sa druge strane čestara.

ISKAZ PUTUJUĆEG MONAHA ISPITANOG U REDARSTVU

Ubijenog sam jamačno sreo juče. Recimo, juče oko podne. Dok sam putovao od Sekijame ka Jamašini. Išao je u pravcu Sekijame sa jednom ženom koja je jahala. Lice joj se nije dalo razaznati jer je imala spušten veo. Videla se samo boja njene odeće, reklo bi se crvena i plava. A konj alat, sećam se da mu griva beše potkraćena. Koliko beše visok? Možda nekih metar i po. Ipak sam ja monah i u te stvari se baš ne razumem. Muškarac? Dakako, imao je uza se mač, te luk sa strelama. Naročito se dobro sećam da mu je u crnom tobolcu bilo dvadesetak borbenih strela.

Ni u snu ne bih pomislio da će ga štogod takvo snaći, no ljudski život ti je isto što i rosa, poput bleska munje. Eh, ne mogu vam opisati koliko mi ga je žao.

IZJAVA REDARSTVENIKA, BIVŠEG PRESTUPNIKA

Pitate me za muškarca koga sam uhvatio? To je, nesumnjivo, Tađomaru, zloglasni razbojnik. Doduše, kad sam ga hvatao valjda beše pao sa konja pa je stenjao tamo na kamenom mostu u mestu Avatagući. Koje je doba bilo? Beše to juče predveče. Kad mi je nedavno umakao, na sebi je, zacelo, imao ovaj isti teget kaput i borbeni mač o pojasu. Kao što vidite, sada ima još i neki luk sa strelama. Je l' tako? To je nosio i ubijeni pa onda nema sumnje da je ubica upravo ovaj Tađomaru. Luk obavijen kožom, crni tobolac, sedamnaest borbenih strela sa jastrebovim perjem — sve je to verovatno pripadalo onom čoveku. Da. I konj mu je, kao što kažete, alat potkraćene grive. Nije ni malo slučajno, bogami, što ga je ta životinja zbacila sa svojih leđa. Taj konj je, nešto malo iza kamenog mosta, pasao travu pored puta, dok mu se duga uzda vukla po zemlji.

Među razbojnicima koji tumaraju po prestonici, ovaj Tađomaru jedan je od opasnijih za žene. Pričalo se da je jesenas na brdu iza statue svetog Binzurua u hramu Toribe ubio jednu dvorsku damu i njenu sluškinju koje su tu došle na poklonjenje. Ako je i ovog čoveka ubio, ko zna šta je onda učinio sa ženom na konju. Oprostite što se mešam, ali, ponizno vas molim, dobro ispitajte ovaj slučaj.

IZJAVA STARICE ISPITANE U REDARSTVU

Da, pokojnik je bio muž moje kćeri. No, on nije iz prestonice. Kao samuraj, bio je u službi pri državnom uredu u Vakasi. Zove se Kanazava no Takehiro i beše mu dvadest i šest godina. Dobrodušan je čovek pa ne verujem da se kome zamerio.

Pitate me za kćer? Zove se Masago i devetnaest joj je godina. Tako je neustrašiva da po tome ne zaostaje za muškarcima, a pre Takehira nije imala muža. Tamnijeg je lica, jajolikog oblika, sa mladežom na uglu levog oka.

Takehiro je juče sa njom pošao u Vakasu, no ne znam zašto ga je zadesila takva sudbina. Njemu više nema pomoći, ali me brine šta je sa njom. Ispitajte kuda je nestala pa makar morali da prevrnete svaki kamen, jer to je jedina želja u životu ove starice. Kako mi je samo mrzak taj razbojnik, Tađomaru ili kako se već zove. Ne samo mog zeta, već je i moju kćer... (Zatim se zaplaka, bez ijedne reči.)

* * *

PRIZNANJE TAĐOMARUA

Ja sam ga ubio. Ali ženu nisam. Pa kuda je, onda, otišla? To ni ja ne znam. Ej, čekajte! Koliko god me mučili, ne mogu da kažem nešto što ne znam. Pored toga, kad je već ovako ispalo, ne nameravam da bilo šta kukavički prikrivam.

Njih dvoje sretoh juče, nešto posle podneva. U trenutku kad je dunuo vetar podigao se njen svileni veo i nakratko joj se ukazalo lice. Samo nakratko. Beše već nestalo samo što pomislih kako ga vidim, no ono mi se, možda i zbog toga, učinilo poput bodisatvinog. U magnovenju reših da je otmem makar morao njega da ubijem.

Ma ne, ubiti čoveka nije strašno koliko vi mislite. Ako već hoćeš da preotmeš ženu, muškarac će svakako biti ubijen. Samo, kad ubijam, ja to činim mačem o pojasu, a vi ga ne koristite, nego ubijate samo svojom moći ili novcem, a ponekad i rečima prividne ljubaznosti. U redu, tako neće poteći krv, čovek će biti i te kako živ, no ipak ste ga ubili. Kad se sagleda težina zločina, ko zna ko je više kriv, vi ili ja. (Podrugljiv osmeh.)

Međutim, ne bih imao ništa protiv da sam mogao da je otmem ne ubijajući njega. Štaviše, odmah sam odlučio u sebi da je uzmem, a da ne ubijem njega, ukoliko je to moguće. No, na glavnom putu za Jamašinu to bi bilo potpuno nemoguće. Dosetih se, zato, da ih odvedem dublje u planinu.

Ni to nije bilo teško. Pridruživši im se na putu, ispričao sam kako na brdu nasuprot nas ima jedna stara grobnica i kako sam u njoj, otvorivši je, pronašao mnoštvo ogledala i mačeva koje sam potom krišom zakopao u čestaru iza brda, pa sam voljan da povoljno dam onome ko želi da kupi bilo šta od toga. A onda je čovek sve više počeo da se zanima za to što mu govorim. I — šta kažete? Nije li pohlepa nešto užasno? Nije prošlo ni sat vremena, a oni, zajedno sa mnom, svog konja već behu okrenuli ka planinskoj stazi.

Kad smo stigli ispred tog čestara, rekoh mu da je blago zakopano unutra i da pođe sa mnom da ga vidi. Goreći od pohlepe, nije imao ništa protiv. Žena, međutim, reče da će čekati na konju. Nije ni čudo što je tako kazala, jer je videla koliko je žbunje gusto. Da budem iskren, meni je baš to i odgovaralo pa sam poveo muškarca ostavivši nju samu.

Unutra neko vreme beše sve sam bambus. No, posle pedesetak metara ukazala se donekle proređena skupina kedrovog drveća, i to beše najpodesnije mesto za ostvarenje mog nauma. Razmičući žbunje, izrekoh ubedljivu laž kako je blago zakopano ispod kedra. Čuvši to, on se iz sve snage ustremio ka vitkim kedrovima koji se promaljahu kroz čestar. Uto se bambus proredi, a umesto njega tu se poređa više kedrova, i ja, čim smo tamo dospeli, iznenada oborih svog saputnika na tlo. Nosio je mač i bio prilično snažan, ali ništa nije mogao jer je bio zatečen. Odmah sam ga privezao uz stablo jednog kedra. Odakle mi uže? Bilo mi je o pojasu, jer mi lopovi nikad ne znamo kad ćemo morati preko zida. Naravno, samo još da mu natrpam puna usta opalog bambusovog lišća da ne bi vikao, i više nema problema.

Završivši s njim, otišao sam da kažem ženi da dođe da ga vidi jer mu je naglo pozlilo. I da vam kažem, ispalo je baš onako kako sam i smislio. Skinuvši šešir sa glave, žena uđe unutra držeći me za ruku. Ali kad stiže do tog mesta i jednim pogledom vide da joj je muž privezan uz stablo kedra, u njenoj ruci blesnu bodež, koga beše, ko zna kada, izvukla iz nedara. Još nikad nisam video ženu takve silovite naravi. Jednim ubodom bi me probola kroz slabinu da sam tad bio neoprezan. U stvari, iako sam izbegao taj prvi napad, mogla bi me još uvek povrediti mlatarajući bodežom. A ja ne bih bio Tađomaru da nekako nisam uspeo da joj izbijem bodež iz ruke ne vadeći svoj mač. Koliko god bila neustrašiva, bez oružja mi nije mogla ništa. Konačno sam uspeo da je dobijem, ne oduzimajući njemu život, baš kao što i zamislih.

Da, ne oduzimajući njemu život. Nisam nameravao da, povrh svega, i njega ubijem. Već sam hteo da pobegnem iz čestara ostavljajući uplakanu ženu, kad mi se ona iznenada, kao da je sišla s uma, obesi o ruku. Štaviše, čuo sam kako mi isprekidanim glasom viče da jedan od nas mora da umre, ja ili njen muž, jer joj je mučnije od smrti to što su dva muškarca videla njenu sramotu. Dašćući mi reče čak i to da će ostati sa onim koji preživi, ko god to bio. Tad me je obuzela silna želja da ga ubijem. (Mračno uzbuđenje.)

Sigurno će izgledati da sam suroviji od vas kad ovako govorim. Ali to je zato što vi niste videli njeno lice. A naročito ne njene plamteće zenice u tom trenutku. Kad su nam se pogledi sreli, poželeo sam da mi bude žena pa makar me ubio grom. Da mi bude žena... samo mi je to bilo u glavi. Ne beše to tek niska požuda kao što vi mislite. Da sem požude ničeg drugog nije bilo, oborio bih je nogom i pobegao. Tad ni on ne bi okrvavio moj mač svojom krvlju. No, u trenutku kad sam u polumraku čestara video njeno lice, odlučio sam da ne odem odatle dok ga ne ubijem.

Ali čak ni tada nisam hteo da to učinim na podao način. Razvezah mu uže i rekoh da se borimo mačevima. (Uz kedrovo stablo ležalo je uže koje sam tada zaboravio da sklonim.) Van sebe od besa, on isuka debeli mač. U istom trenutku bez reči je razjareno skočio na mene. Ne moram ni da vam govorim kako se ta borba završila. Probodoh mu grudi posle dvadeset trećeg udarca. Posle dvadeset trećeg, nemojte to zaboraviti. Još uvek sam zadivljen time. Pod nebeskim svodom, samo je on dvadeset puta sa mnom ukrstio mač. (Veseo osmeh.)

Čim se čovek srušio, ja se, s okrvavljenim mačem u ruci, okrenuh prema ženi.

Kad tamo... zamislite, ona beše već nestala. Tražio sam između kedrovog drveća kuda je pobegla. Ali na opalom bambusovom lišću nikakvog traga nije bilo. Oslušnuh malo, ali nije se čulo ništa drugo do samrtnog ropca iz grla onog čoveka.

Možda se provukla kroz čestar i utekla po pomoć još onda kad sam ja otpočeo borbu. A to znači da je sad moja sada glava visila o koncu pa sam se, sa njegovim mačem, lukom i strelama, odmah vratio na onu planinsku stazu. Njen konj je tu još uvek mirno pasao travu. Beskorisno bi bilo da vam pričam šta je dalje bilo. Mač sam prodao pre nego što sam se vratio u prestonicu. Eto, to je moje priznanje. Molim vas da mi dosudite najstrožu kaznu jer sam svestan da će mi glava jednom ionako visiti u krošnji melije.

ISPOVEST ŽENE U HRAMU KIJOMIZU

Nakon što me je na silu uzeo, taj čovek u teget kaputu sa podsmehom je pogledao mog muža koji je bio vezan. Koliko li se samo moj muž jadno osećao! Ali, što se više otimao, uže se samo još bolnije usecalo u njegovo telo. Nesvesno mu pritrčah posrćući. Zapravo, pokušala sam da mu pritrčim. Tad me je u trenutku taj čovek oborio udarivši me nogom. I upravo tada videh, videh neki neopisiv sjaj u očima svog muža. Neopisiv, i sad sva zadrhtim kad se setim tih očiju. Moj muž, koji nije mogao da izusti ni jednu reč, u tom trenutku pogledom mi je iskazao kako mu je u duši. No, to što je blesnulo u njegovim očima nije bio ni bes niti tuga, već hladno svetlo prezira prema meni. I kao da me je boja tih očiju pogodila više nego onaj udarac nogom, nehotice sam ispustila neki krik i onesvestila se.

Kad sam posle nekog vremena konačno došla svesti, čovek u teget kaputu beše se već nekud izgubio. Ostao je samo moj muž, još uvek vezan uz kedrovo stablo. Najzad se pridigoh na bambusovom lišću i pogledah njegovo lice. Ali boja tih očiju bila je ista kao i maločas. Još uvek se ispod hladnog prezira ispoljavala mržnja. Sramota, tuga, bes — ne znam kako da nazovem ono što mi je tada bilo na srcu. Ustala sam teturajući se i prišla mu. „Takehiro. Posle ovoga ja više ne mogu da budem sa tobom. Rešila sam da smesta umrem. Ali, želim da i ti umreš. Svedok si moje sramote. Stoga ne mogu tek tako da te ostavim."

Jedva sam uspela toliko da prozborim. On me je i dalje samo posmatrao sa izrazom gađenja. Srce mi se cepalo dok sam tražila njegov mač. Ali verovatno ga je uzeo onaj razbojnik, jer u čestaru nije bilo ni mača, ni luka sa strelama. Srećom, podno mojih nogu ležao je bodež. Zamahnuvši njime, još jednom rekoh mužu. „Dozvoli sada da ti oduzmem život. I ja ću ti se odmah pridružiti."

Njegove usne pokrenuše se tek na ove reči. Dakako, glas se uopšte nije čuo jer su mu usta bila puna lišća bambusa. Ipak, ja sam ga odmah razumela. S prezirom je rekao samo jednu reč: „Ubij!" Ja gotovo nesvesno zarih bodež u njegove grudi pod svetloplavim kaputom.

Tada sam se verovatno opet onesvestla. Kad sam konačno opet pogledala oko sebe, on, još uvek onako vezan, već odavno beše prestao da diše. Sa neba je kroz kedrovo drveće prošarano bambusom na njegovo bledo lice padao jedan zrak sunca na zalasku. Gušeći se u suzama, odvezala sam uže sa mrtvog tela. I — šta je sa mnom bilo posle toga? Nemam snage da ispričam još i to. U svakom slučaju, nisam smogla snage da okončam svoj život iako sam htela da se bodežom probodem kroz grlo ili da se bacim u jezero u podnožju brda, pokušavajući tako na razne načine da umrem. Šta to vredi kad sam ostala živa ne uspevši da umrem. (Tužan osmeh.) Možda me je i bodisatva Kannon, pun samilosti, napustio kao kukavicu. A šta, za ime boga, mogu da uradim ja koja ubih svog muža, ja koju je jedan razbojnik na silu obljubio? Šta, šta, za ime boga... (Odjednom silovito jecanje.)

PRIČA DUHA UMRLOG KROZ USTA MEDIJUMA

Nakon što ju je na silu obljubio, taj razbojnik sede dole i poče je svakojakim rečima tešiti. Ja, razume se, nisam mogao ni reč da prozborim. Još sam bio i vezan za stablo kedra. No, ipak joj za to vreme više puta namignuh. Htedoh joj poručiti da mu ne veruje, da sve to shvati kao obmanu. Ali ona je potišteno sedela na lišću bambusa, pogleda netremice uprtog u svoja kolena. Činilo se da upija njegove reči. Telo mi obuze grč zavisti. Razbojnik je, međutim, nastavio slatkorečivo da govori. Da se više neće slagati sa mužem ovako uprljana. Da li želi da mu bude žena, umesto da ostane sa takvim mužem. Da je počinio zlo jer mu je draga — na kraju preko usta prevali čak i takvu drskost.

Na te reči, ona podiže svoje lice sva opčinjena. Nikad mi nije bila lepša nego tada. Nego, šta je ta moja lepa žena odgovorila razbojniku, tu pred svojim vezanim mužem? Premda još uvek lutam u prostoru između prošlog i sledećeg života, obuzme me gnev svaki put kad se setim tog njenog odgovora. Sećam se da mu je ovako rekla: „Povedi me bilo kuda." (Duži muk.)

Ali nije njen greh samo u tome. Da je samo to, ne bih sada ovoliko patio u ovoj tmini. Kad htede da, kao u snu, sa svojom rukom u njegovoj izađe iz čestara, ona odjednom preblede i prstom pokaza na mene, koji bejah uz stablo. „Njega ubij! Ja ne mogu biti s tobom dok je on živ." Viknu tako nekoliko puta, kao da je sišla s uma. „Ubij ga!" Te reči još i sada poput oluje prete da me strmoglavce oduvaju na dno ove tmine. Da li ljudska usta ikad izgovoriše gro-

znije reči? Da li neko ljudsko biće ikad ču tako pro-
klete reči? Da li ikad tako... (Odjednom bujica pod-
rugljivog smeha.) Ove reči zaprepastiše čak i samog
razbojnika. „Ubij ga!" Uhvatila mu se za ruku vičući
tako. Razbojnik ju je netremice posmatrao, ne odgo-
varajući hoće li to učiniti ili ne. Jedva stigoh to da
primetim, kad on jednim jedinim udarcem noge obori
moju ženu na bambusovo lišće. (Ponovo bujica pod-
smeha.) Prekrstivši ruke bez reči, razbojnik upravi
pogled prema meni. „Šta ćeš s njom? Da je ubijem
ili poštedim? Samo klimni glavom. Da je ubijem?"
Oprostio bih mu zločin samo zbog tih reči. (Opet
duži muk.)

Dok sam ja oklevao, moja žena nešto uzviknu, pa
odmah pojuri u čestar. Razbojnik se ustremi ka njoj,
ali nije, izgleda, uspeo da je uhvati ni za rukav. Ja
sam samo posmatrao taj prizor kao neko priviđenje.
Nakon što je ona tako pobegla, razbojnik pokupi moj
mač i luk sa strelama, te mi na jednom mestu pre-
seče uže. „Moj život sada visi o koncu." Sećam se da
je ovo promrljao pre nego što je izašao iz čestara i
nestao. Posle toga je sve utihnulo. Zapravo, još uvek
se čulo kako neko jeca. Oslušnuh, razvezujući uže.
Kad se malo osvestih, shvatih da to ja plačem. (Po
treći put duži muk.)

Jedva podigoh premoreno telo ispod onog kedra.
Preda mnom je blistao bodež što ga moja žena beše
ispustila. Uzeh ga i zarih sebi u grudi. Na usta mi
navre grudva nečega neprijatnog mirisa. Ali bol ni
malo nisam osećao. Kad mi se grudi ohladiše, oko
mene zavlada grobna tišina. Oh, kakva tišina! Nijed-
na ptičica da zacvrkuće na nebu nad tim čestarom
iza brda. Među kedrovima i bambusom zadrža se još
samo bleda sunčeva svetlost. Ta sunčeva svetlost —

i ona beše sve slabija i slabija. Više se nije video ni kedar ni bambus. Ležao sam tamo obavijen dubokom tišinom.

A onda mi je neko kriomice prišao. Htedoh da pogledam na tu stranu. Međutim, oko mene se već beše spustio polumrak. Neko, taj neko je svojom nevidljivom rukom lagano iščupao bodež iz mojih grudi. Istovremeno, moja usta se još jednom ispuniše krvlju. I ja tada zauvek potonuh u ovu tminu između dva života.

KAŠA OD JAMOVOG KORENA

Dogodilo se to krajem Gangjo, ili početkom Ninna ere (krajem IX veka). Za ovu priču i nije od posebne važnosti kada se to tačno odigralo. Jedino što čitaoci treba da znaju jeste to da je radnja smeštena u davni Heian period. U to vreme, među samurajima koji su bili u službi carevog namesnika Fuđivara Motocunea, beše neki Goi, samuraj petoga ranga.

Rado bih vam naveo njegovo puno ime i prezime umesto što kažem „neki", ali ono nije pomenuto u starim hronikama. Verovatno je on zapravo bio tako nevažan čovek, da nije ni bio vredan pomena. Očigledno pisci tih starih hronika nisu mnogo marili za obične ljude i događaje. U tom pogledu, oni se prilično razlikuju od pisaca japanskog naturalizma. Romanopisci iz vremena dvorske književnosti začudo nisu bili dokoličari. ---- Sve u svemu, među onima koji su bili u službi namesnika Fuđivara Motocunea, beše neki Goi, odnosno samuraj petoga ranga. To je junak ove priče.

Goi je bio čovek, ne tako ugledne spoljašnosti. Pre svega, bio je nizak rastom. Zatim, nos mu je bio crven, a oči jako iskošene nadole. I naravno, brkovi su mu bili retki. Zbog upalih obraza, brada mu je izgledala neobično uska. A usne ---- mogli bismo tako da nabrajamo u nedogled. Ovaj naš Goi zapravo je izgledao krajnje aljkavo.

Niko ne zna kada je i kako on stupio u službu kod Motocunea. I jedino se sa sigurnošću može reći da je on, u svojoj istoj izbledeloj odori i sa istom nakrivljenom kapom na glavi, oduvek neumorno obavljao iste dužnosti iz dana u dan. I zbog svega toga, niko ko bi ga danas pogledao ne bi ni pomislio da je taj čovek nekada bio mlad. (Prevalio je četrdesetu.) Naprotiv, stekao bi utisak da je Goi od rođenja imao taj promrzli nos i bezoblične brkove kojima se poigravao vetar duvajući glavnom ulicom Suzaku. Svi su, od njegovog gospodara Motocunea, do dečaka koji je vodio gospodareva volovska kola, bili čvrsto uvereni u to.

Verovatno ne treba ni da vam kažem kako je okolina postupala sa čovekom takve spoljašnjosti. Svi samuraji koji su radili u stražari ni malo nisu obraćali pažnju na Goija. Dvadesetak njegovih potčinjenih, i one sa činom i one bez njega, uopšte nije bilo briga da li je on tu ili ne. Ne bi uopšte prekidali međusobno ćaskanje čak ni kada bi im Goi izdavao neku naredbu. Nisu se obazirali na njegovo prisustvo, baš kao što nisu zapažali ni prisustvo vazduha. A kad ga nisu slušali potčinjeni, sasvim je prirodno da ni njegovi pretpostavljeni, upravnik i zapovednik stražare, uopšte nisu računali na njega. Kada bi se našli oči u oči sa njim, iza ledenih pogleda prikrivali su besmislenu detinjastu zlobu, a obraćali su mu se samo gestikulacijom. Nije slučajno to što je čovek obdaren glasom. Tako ni oni povremeno nisu uspevali da gestikulirajući izraze ono što su hteli. Ali, izgleda da su oni sve to pripisivali njegovoj nedovoljnoj sposobnosti da ih razume. Stoga, kad god bi Goi traljavo obavio njihove naloge, najpre bi ga odmeravali, od njegove nakrivljene kape, pa sve do đonova njegovih iznošenih slamnatih sandala, a onda bi mu odjedared okrenuli leđa i bez glasa se smejali. Pa ipak, Goi se nije ljutio. Bio je tako krotak i bojažljiv, da uopšte nije osećao svu tu nepravdu.

Međutim, njegove kolege samuraji bi sa zadovoljstvom terali šegu sa njim. Kao što su oni stariji mlađima prepričavali stare dosetke na račun njegove neugledne pojave, tako su i mlađi koristili priliku i vežbali na njemu svoju takozvanu duhovitost. Neumorno su ismevali Goijev nos, brkove, kapu i odoru, čak i u njegovom prisustvu. I to nije sve. Česta tema njihovog razgovora bila je i njegova bivša žena sa oklembešenom donjom usnom, od koje se Goi razveo pre pet, šest godina, kao i jedan sveštenik pijanica za koga se pričalo da je u prisnim odnosima sa njom. Povrh toga, ponekad su sa Goijem zbijali i krajnje grube šale. Nemoguće ih je sada sve pobrojati. Ako vam samo pomenem da su jednom popili sav sake iz njegove čuture od bambusa, pa mu u nju sipali urin, onda verovatno možete zamisliti sve ostalo.

Goi je, pak, bio potpuno neosetljiv na sve te pakosti. Barem je to sa strane tako izgledalo. Šta god da su mu govorili, njemu se čak ni boja lica nije menjala. Obično je ćutke gladio tanke brkove i obavljao svoje redovne dužnosti. Kada bi njegove kolege preterale sa nestašlucima, zakačili mu parče hartije za perčin ili vezali sandale za korice mača, on bi, sa takvim smeškom na licu kao da ne zna da li da se nasmeje ili da zaplače, rekao: „Ne valja vam to." Ko god bi video to lice i čuo taj glas, na kratko bi bio dirnut svim tim jadom. (Taj koga oni kinje nije samo jedan Goi crvenoga nosa, već neko koga oni ne poznaju, ---- mnogi sa njegovim licem i njegovim glasom, koji osuđuju njihovu okrutnost.) ---- Premda nejasne, takve misli bi tek na tren okrznule njihova srca. Samo, bilo je malo onih kod kojih bi se takva osećanja dugo zadržala. Među tom nekolicinom, našao se i jedan samuraj bez čina. Bio je to mladić poreklom iz pokrajine Tamba, kome su prvi meki brkovi tek počeli da garave gornju usnu. Naravno, u početku je i on, kao i ostali, bez ikakvog razloga prezirao Goija crvenoga nosa. Međutim, pošto je jednom prilikom čuo: „Ne valja vam to", nikako nije mogao da odagna taj glas iz glave. Od tada je gledao Goija sasvim drugim očima. Jer, sa tog neuhranjenog glupavog lica nesrećnog Goija, gledalo ga je ucveljeno „biće" koga ljudi ugnjetavaju. Kad god bi razmišljao o Goiju, taj samuraj bez čina pomislio bi kako čitav svet odjednom ispoljava svoju prirodnu podlost. U isto vreme, osećao je kako taj promrzli nos i proređeni brkovi njegovom srcu pružaju izvesnu utehu.

Ali, samo je on tako mislio. Ako ostavimo po strani ovaj izuzetak, Goi je, kao i uvek, morao da živi pasjim životom, prezren od svoje okoline. Prvo, ni odeća mu nije bila valjana. Imao je jednu zagasito plavu odoru i jedne pantalone iste boje, tako izbledele da se za njih nije moglo reći ni da li su indigo ili tamnoplave. Na ramena mu je pala odora poružnele boje gajtana i ukrasa, a njegovim pantalonama krajevi su bili prilično iskrzani. Dok ispod pantalona proviruju njegove mršave noge bez donjeg rublja, ne samo njegovim kolegama zlih jezika već i drugima, činilo se da gledaju premorene noge mršavog vola koji jedva vuče kola nekog mršavog dvorskog plemića.

I mač koji je nosio bio je prilično loš, sa metalnim delovima sumnjive izrade i sa koricama čiji je crni lak bio mestimično oguljen. Kad bi Goi crvenoga nosa, vukući nemarno svoje sandale, hodao sitnim koracima pogrbljenih leđa koja bi se još više povila kada bi zahladnelo i zverao levo-desno, nije ni čudo što su sa njim terali šegu čak i torbari koji su tuda prolazili. Evo šta se jednom desilo....

Toga dana, Goi je upravo krenuo od uličice San-đo prema vrtu Šinsen, kada spazi grupu od šest, sedam dečaka kako nešto rade pokraj puta. Pomisli da možda teraju čigru i priviri iza njihovih leđa, ali vide kako oni zapravo, rukama i nogama udaraju odne-kud dolutalo, neko čupavo pseto, vezano konopcem oko vrata. Ako je ikada prema nekom i osetio sažaljenje, taj strašljivi Goi uvek se ustručavao da to pokaže pred drugima. No, budući da su ovaj put u pitanju bila deca, on se malo osmeli. Što je ljuba-znije mogao, potapša po ramenu jednog dečaka koji je izgleda bio najstariji i prevali preko usta: „Poštedite ga. I kucu boli kada je tako udarate.“ Dečak na to okrenu glavu i podigavši pogled, prezrivo se upilji u Goija. Gledao je Goija istim onim pogledom kojim ga gleda zapovednik stražare kada ovaj valjano ne izvrši njegovu naredbu. „To se tebe ne tiče.“ Zakoračivši jednom nogom unazad, dečak iskrivi svoja uobražena usta i reče: „Šta hoćeš? Ti, crveno-nosi!“. Goi se osećao kao da su ga ove reči ošamarile. Ali, nije se on ni najmanje naljutio zbog ovih ružnih reči. Osetio se on ovako jadan i ponižen zbog svoje bespotrebne upadice. Prikrivši gorkim osme-hom svoju posramljenost, on ćutke produži ka vrtu Šinsen. Onih šest, sedam dečaka kreveljilo se i ple-zilo iza njegovih leđa. Naravno, on to nije ni primetio.

A čak i da jeste, to bi malodušnom Goiju bilo svejedno....

Da li je junak ove priče rođen samo zato da bi ga prezirali i zar je moguće da on nema nikakvih želja? Ipak nije tako. Od pre šest, sedam godina on strasno žudi za kašom od jamovog korena. To je kaša spravljana tako što se koren jama, iskopan u planini, iseče na komade i onda kuva u slatkom soku marante. U tadašnje vreme, ovo jelo je smatrano vrhunskom poslasticom, čak bi se našlo i na samoj carskoj trpezi. Prema tome, ljudi poput našeg Goija nisu imali druge prilike da probaju ovu kašu, osim jednom godišnje na novogodišnjoj gozbi u namesnikovoj palati. A i tada bi dobili tek toliko da njome ovlaže usta. Zato je već dugo vremena Goijeva jedina želja bila da se do mile volje najede kaše od jamovog korena. Naravno, on o ovome nije nikome rekao ni reči. Ni on sam možda nije bio svestan da mu je to bila jedina želja u životu. A može se slobodno reći da je on zapravo za to i živeo. ---- Ponekad čovek čitav svoj život posveti nekoj neshvatljivoj želji za koju i nije sasvim siguran da li će mu se ikad ostvariti. Oni koji se takvoj ludosti podsmevaju, na kraju krajeva nisu ništa drugo do obični posmatrači života.

Međutim, to o čemu je Goi sanjario, „da se do mile volje najede kaše od jamovog korena", neočekivano se lako ostvarilo. Da vam ispričam kako se to dogodilo – to je svrha ove priče.

* * *

Drugog januara te godine, u Motocuneovu palatu pozvani su takozvani vanredni gosti. (Carev namesnik pozivao je ove vanredne goste, ministre i plemiće na gozbu, ništa lošiju od velelepne gozbe koju su carica i prestolonaslednik priređivali u isto vreme.) I Goi je bio među samurajima koji su zajedno delili ostatke od gozbe. U to vreme još nije postojao običaj da se hrana deli prosjacima, već bi okupili samuraje koji su bili u službi te kuće i njima delili preostalu hranu. Doduše, iako kažem da ova gozba nije bila ništa lošija od one velelepne, u ta davna vremena na trpezi nije bilo toliko pravih đakonija, koliko je bilo različitih vrsta hrane. Na primer: pirinčani kolači, prženi pirinčani kolači, sušene školjke, sušeno živinsko meso, bela riba iz reke Uđi, jezerski šarani iz Omija, usoljene suve deverike, usoljeni lososi nadeveni usoljenom ikrom, hobotnice na žaru, jastozi, velike i male mandarine, citrusi, japanske jabuke sušene na štapićima i drugo. Među njima, nalazila se i već pomenuta kaša od jamovog korena. Svake godine, Goi je sa nestrpljenjem iščekivao tu kašu. Ali, kako je gostiju uvek bilo mnogo, njegova porcija je bila neznatna. Te godine gotovo da nije dobio ni malo. I možda se to njemu samo činilo, bila je ukusnija nego ikad. I zato, kada je pojeo kašu, i dalje je netremice zurio u praznu činiju i brišući dlanom ostatke kaše sa svojih retkih brkova, nesvesno izustio: „O, da li ću se ikad do mile volje najesti ovoga?"

„Pazite, gospodin se, navodno, još nikada nije do mile volje najeo kaše od jamovog korena."

Goi nije još ni završio rečenicu, a neko je to podrugljivo dodao. Bio je to hrapavi dostojanstveni glas nekog ratnika. Goi nakrivi svoje pogrbljeno telo i glavu, i bojažljivo pogleda prema tom čoveku. Glas je pripadao Fuđivara Tošihitu, sinu načelnika opštih poslova, Tokinage, koji je u to vreme služio istog gospodara Motocunea. Bio je to pravi džin, plećat i snažan, viši od svih oko njega, koji je žvakao pečeno kestenje i ispijao jedan za drugim pehare crnog vina. Izgleda da je već bio prilično pripit.

„Baš mi te je žao." Videvši da je Goi podigao glavu, Tošihito nastavi s prezirom i sažaljenjem u glasu.

„Ako ti je volja, ja, Tošihito, omogućiću ti da se najedeš kaše."

Pas koga stalno kinje neće tako lako prići ni kada mu daju komad mesa. Sa onim svojim uobičajenim osmehom na licu, kao da ne zna da li da se nasmeje ili da zaplače, Goi je gledao, čas u Tošihitoovo lice, čas u praznu činiju.

„Ej, zar to ne bi želeo?"

„........"

„Šta kažeš?"

„........"

U tom trenutku, Goi oseti da su pogledi svih prisutnih uprti u njega. Samo od jednog njegovog odgovora zavisilo je da li će opet biti izložen podsmehu. Bilo mu je jasno da će terati šegu s njim šta god da odgovori. Oklevao je. Da ovaj drugi nije baš u tom trenutku rekao pomalo ljutitim glasom: „Ako nećeš, ja neću insistirati!", Goi bi, ko zna koliko dugo gledao, čas u Tošihitoovo lice, čas u činiju. Čuvši ove reči, on žurno odvrati:

„Ma ne .... bio bih vam veoma zahvalan."

Svi koji su slušali ovaj razgovor prsnuše u smeh. „Ma ne, bio bih vam veoma zahvalan." ---- Ponovio je neko, oponašajući Goija. Od gromoglasnog smeha, brojne, meke i krute dvorske kape talasale su se neko vreme nad činijama i posuđem sa žutim mandarinama i crvenim citrusima. Sâm Tošihito smejao se glasnije i veselije od svih ostalih.

„E, onda ću te ja uskoro pozvati." Dok je to govorio, lice mu se zgrči. Smejući se zagrcnuo se sakeom koji je pri tom ispijao. „..... Dogovoreno, je li?"

„Bio bih zahvalan."

Pocrvenevši, Goi još jednom promuca svoj pređašnji odgovor. Svi su, razume se, opet prsnuli u smeh. A Tošihito koji je namerno ponovio pitanje da bi izvukao Goijev odgovor, grohotom se smejao dok su mu se široka pleća tresla, kao da ga je ovo zabavljalo još više nego pre. Ovaj priprosti grubijan sa severa znao je samo dva načina kako da provodi svoj život. Prvi je da dobro pije, a drugi da se slatko smeje.

Na sreću, razgovor je skrenuo na druge teme, dalje od ove dvojice. Možda i zato što je svima ostalima bilo neprijatno da svoju pažnju usredsređuju na Goija, ma koliko ga rado ismevali. Kako bilo, razgovor je prelazio sa jednog predmeta na drugi, sve dok od jela i pića ne ostade gotovo ništa, kad pažnju svih privuče priča o jednom samuraju pitomcu, koji je pokušavao da se popne na konja dok su mu obe noge bile uvučene u jednu nogavicu kožnih pantalona. Ali, samo Goi izgleda nije slušao druge priče. Možda zato što su njegove misli zaokupljale samo ove reči: kaša od jamovog korena. Tu je bilo pečenog fazana, ali se on nije latio štapića za jelo. Tu je bila čaša crnog vina, on je nije prineo ustima. Držeći obe ruke u krilu, poput devojke na sastanku za ugovaranje braka, nevino crveneći sve do korena svoje, mrazom oprljene kose, zurio je ko zna koliko dugo u praznu crnu činiju i tupavo se smeškao.....

* * *

Jednoga jutra, četiri, pet dana kasnije, dva čoveka ćutke su jahala za Avatagući drumom duž obale reke Kamo. Jedan od njih bio je muškarac u lovačkoj odeći svetloplave boje i pantalonama u istom tonu, sa zlatom i srebrom ukrašenim mačem za pasom (crnih brkova i lepih uvojaka kose). Onaj drugi izgledao je kao četrdesetogodišnji samuraj u pohabanoj zagasitoplavoj odori sa samo dva tanka pamučna odela preko nje i aljkavo vezanim pojasom, i sa crvenim nosom koji je curio vlažeći gornju usnu, jednom rečju sve na njemu izgledalo je veoma jadno. Jedino su obojica jahala tako lepe, brze ate trogoce, prvi čilaša, a drugi kulaša, da su ih usput svi trgovci i samuraji zadivljeno posmatrali. Za njima su trčkarala dvojica, jedva održavajući korak sa konjima, i to jedan lični sluga i jedan lukonoša. ---- Bili su to Tošihito i Goi sa svojom pratnjom, što ovde i ne treba posebno naglašavati.

Iako je bilo zimsko doba, vreme je bilo tako tiho i vedro da nije bilo ni daška vetra da zanjiše uvelo lišće pelena među belucima pokraj vode koja je žuborila. Bezlisne grane povijenih vrba koje su gledale na reku kupale su se u sunčevoj svetlosti, glatkoj kao svilene bombone, tako da su čak i pokreti repa jedne pastirice sa vrha drveta bacali žive senke na drum. Iznad tamnog zelenila brda Higašijame, ukazivala su se skoro čitava, baršunasta i mrazom razjedena pleća planine Hiei. Jahali su u pravcu Avatagućija, lagano i ne koristeći bičeve, dok su se sedefni ukrasi na njihovim sedlima presijavali na blistavoj sunčevoj svetlosti.

„Možete li mi reći kuda ste to izvoleli povesti moju malenkost?“, upita Goi nevešto pritežući uzde.

„Uskoro ćemo stići. Ne brini, nije tako daleko.“

„To je onda blizu Avatagućija?“

„Pa, može se tako reći.“

Kada je Tošihito jutros pozvao Goija, rekao mu je da u blizini brda Higašijame postoji mesto gde izvire topla voda i pozvao ga da pođe tamo sa njim. Goi crvenoga nosa je to odmah prihvatio. Pošto se dugo nije kupao, osećao je žmarce po celom telu. Mogućnost da se okupa u toploj vodi, uz gošćenje kašom od jamovog korena, bila bi pravi blagoslov. Tako razmišljajući, uzjahao je on kulaša koga mu je Tošihito doveo. Ali, kada je Goi, rame uz rame sa Tošihitom, stigao dovde, shvatio je da ovo, po svoj prilici, nije mesto u koje se Tošihito uputio. Zapravo, oni su u međuvremenu prošli Avatagući.

„Onda nije Avatagući?“

„Još malo dalje.“

Tošihito je mirno jahao dalje sa osmehom na usnama, namerno izbegavajući da pogleda Goija u lice. Kuće s obe strane druma se postepeno razrediše, sve dok jedino što se videlo na prostranim zimskim poljima nisu bile vrane u potrazi za plenom i sneg zaostao u planinskim zavetrinama koji se bledo plavio. Iako je nebo bilo vedro, igličasti vrhovi rujevog drveća štrčali su visoko u nebo i tako još više doprinosili hladnoći.

„Je l’ blizu Jamašine?“

„Jamašina je ovde. Mi ćemo još malo napred.“

I zaista, tek što je on to rekao, prošli su Jamašinu. Bilo je još dalje. Utom nekako ostaviše za sobom i

Sekijamu, i nešto posle podneva stigoše pred hram Mii. U ovom hramu živeo je sveštenik koji je bio Tošihitoov dobar prijatelj. Tošihito i Goi ga posetiše i ovaj ih počasti ručkom. Posle toga, oni opet uzjahaše svoje konje i pohitaše dalje. U poređenju sa drumom koji su do tada prešli, nadalje su se odžaci naseljenih kuća još reže dimili. U to doba naročito, sve je vrvelo od razbojnika i to su bila nesigurna vremena. ---- Još više povijajući svoja pogrbljena leđa, Goi podiže pogled prema Tošihitoovom licu i upita ga:

„Je l' još napred?"

Tošihito se nasmeši. Bio je to smešak kao u deteta koga su stariji gotovo uhvatili kako čini neki nestašluk. Činilo se da bore na vrhu njegovog nosa i opušteni mišići u uglovima očiju, oklevaju da li da prsnu u smeh ili ne. Najzad reče:

„Ja u stvari nameravam da te odvedem do Curuge." Smejući se, Tošihito podiže korbač i pokaza nebo u daljini. Ispod njegovog korbača, jezero Biva u zemlji Omi svetlucalo je pod svetlošću popodnevnog sunca.

Goi je bio zbunjen.

„Kad kažete Curuga, nije li to Curuga u oblasti Ećizen? Onaj Ećizen ----"

Nije da Goi nije često slušao o tome kako Tošihito, budući da je postao zet Fuđivara Arihitoa iz Curuge, tamo provodi veći deo svog vremena. Ali mu sve do tog trenutka nije ni palo na pamet da njega vodi upravo tamo. Pre svega, kako uopšte može, samo sa dvojicom slugu, živ i zdrav da stigne do daleke zemlje Ećizen, preko tolikih planina i reka. Pogotovo sada kada iz svih krajeva zemlje stižu glasine o razbojnicima koji ubijaju putnike. ---- Goi je gledao Tošihitoovo lice kao da ga preklinje:

„Bože me sačuvaj. Dok sam mislio da idemo u Higašijamu, stigli smo u Jamašinu. Kada sam pomislio da idemo u Jamašinu, stigli smo u hram Mii. Najzad, kažete mi da me vodite u Curugu u oblasti Ećizen, pa šta li vi to, za ime sveta, nameravate? Da ste mi to odmah rekli, ja bih bar sa sobom poveo svoje sluge. ---- U Curugu. Bože me sačuvaj.“

Tako je mrmljao Goi, spreman da svakog trenutka brizne u plač. Da mu hrabrost nije ulivala njegova želja „za kašom od jamovog korena“, on bi ih verovatno napustio i vratio se sâm natrag u Kjoto.

„Smatraj da je Tošihito sâm, jak kao hiljadu ljudi. Ništa se ti ne brini zbog našeg puta.“

Tošihito se podsmevao, namrštivši se kada je opazio Goijevu pometnju. Onda pozva svog ličnog slugu, baci na leđa tobolac za strele koji mu je doneo sluga, uze od njega i crni lakirani lûk, položi ga vodoravno na sedlo, obode konja i krenu napred. Tek sada bojažljivom Goiju nije preostalo ništa drugo nego da se bez pogovora pokori Tošihitoovoj volji. Dok je beznadežno zurio u ogolelu pustaru svud unaokolo, prisećao se molitve boginji milosrđa i tiho je izgovarao, nastavljajući svoj tegobni put kao i do tada, dok su koraci njegovog konja bili neujednačeni, a onaj njegov crveni nos samo što nije dodirnuo oblučje na sedlu.

Polja kojima je odjekivao topot kopita bila su ponegde pokrivena požutelom trskom, a hladne bare kojih je bilo tu i tamo i u kojima se ogledalo plavo nebo, izgledale su kao da će se same od sebe zamrznuti tog zimskog popodneva. Tamo u daljini, jedan planinski venac neosvetljen suncem, na kom nije bilo čak ni onih blještavih odsjaja preostalog snega, bojio je u nedogled vidik svojom ljubičastom bojom, a turobni gustiši sparušene trave često su ometali sluge da ugledaju te vrhove planina. ---- U jednom trenutku, Tošihito se brzo okrenu prema Goiju i povika:

„Eno tamo, dolazi nam pogodan glasnik. Po njemu ćemo poslati poruku u Curugu."

Goi nije baš najbolje razumeo Tošihita, pa se bojažljivo zagleda u pravcu u kom je ovaj pokazivao lûkom. Nigde ni traga ni glasa od nekog čoveka. Jedino se tamo, u čestaru gusto ispepletane divlje loze, jedna lisica lenjo kretala, dok joj je meko krzno bilo obasjano svetlošću zalazećeg sunca. ---- Za tili čas, lisica hitro poskoči i odjuri ko zna gde. Istovremeno i Tošihito ošinu korbačem svoga konja i jurnu za njom. Čak se i Goi osmeli i dade se za Tošihitoom. Ni sluge, naravno, nisu smele da zaostanu za njima. Neko vreme, topot konjskih kopita po kamenju remetio je tišinu široke ravnice, ali nedugo zatim, videše da je Tošihito zaustavio svoga konja i da niz sedlo drži naglavačke obešenu lisicu, koju je ko zna kad uhvatio. Mora biti da je to učinio tako što ju je jurio sve dok ona nije izgubila snagu, pa je pritisnuo konjem i uhvatio je rukom. Brišući nervozno graške znoja koje su mu se skupile na retkim brkovima, Goi s mukom pritera svog konja.

„Počuj me dobro, lisice!", Tošihito ovo izgovori naročito dostojanstvenim glasom, držeći lisicu visoko pred očima. „Otiđi noćas do Tošihitoovog dvorca, i ovako im reci: 'Tošihito stiže iznenada, u pratnji jednog gosta. Pošaljite ljude da mu izađu u susret do Takašime oko deset časova sutra izjutra i neka povedu dva osedlana konja.' Bolje bi ti bilo da ne zaboraviš!"

Kad završi svoj govor, Tošihito zavitla lisicu i baci je daleko u šiprag.

„Gle, kako juri! Kako samo juri!"

Dvojica slugu koji su jedva uspeli da sustignu Tošihita i Goija, veselo su pljeskali rukama gledajući za lisicom u begu. Pod svetlom večernjeg sunca, njena leđa boje opalog lišća jurila su najbrže što su mogla i nije je sprečavalo ni korenje drveća, ni kamenje. Sa mesta na kom su stajali, mogli su to da vide jasno kao na dlanu. Jureći za lisicom upravo su izbili na jednu blagu uzbrdicu, koja se izdizala odmah pokraj isušenog rečnog korita usred široke ravnice.

„Baš je to pouzdan glasnik, zar ne?"

Otkrivajući svoje naivno strahopoštovanje i divljenje, Goi je sada sa poštovanjem gledao lice tog divljeg ratnika, koji je imao moć čak i nad lisicom. On nije ni razmišljao o tome koliki jaz postoji između njega i Tošihitoa. Samo je, sve više se potčinjavajući njegovoj volji, sa sve većim ubeđenjem osećao da je i njegova sopstvena, inače trpeljiva volja, postajala nekako slobodnija. ---- Verovatno se u ovakvim trenucima laskanje rađa kao nešto sasvim prirodno. Ako čitaoci nadalje čak i ustanove da je držanje Goija crvenoga nosa ulizičko, ipak ne bi trebalo da posumnjaju u njegov karakter.

Lisica koju je Tošihito bacio pojuri niz strmu padinu kao da se kotrlja i vešto skakućući između kamenja u isušenom rečnom koritu, energično ustrča ukoso uz suprotnu padinu. Kad je ustrčala, osvrnu se i ugleda kako družina onog samuraja koji ju je uhvatio, i konji, jedan do drugog stoje na dalekoj padini. Na ledenom vazduhu, čilaš i kulaš su se naročito isticali,

jasnije nego da su na slici, kupajući se u svetlosti za-
lazećeg sunca.

Okrenuvši glavu napred, lisica poput vetra pojuri
kroz sparušenu trsku.

* * *

Kao što se i očekivalo, družina je u deset časova
izjutra stigla do Takašime. Skromni zaselak na obali
jezera Biva, gde su raštrkane kuće pokrivene slamom
stajale pod nebom koje je bilo oblačno za razliku od
onog juče, a površina jezera se hladno prostirala izme-
đu borova što su rasli na obali, namreškana od pepe-
ljasto sivih talasića i nalik na ogledalo koje su zabo-
ravili da uglačaju. ---- Stigavši dotle, Tošihito se
okrenu Goiju:

„Gledaj tamo. Izgleda da nam neki ljudi dolaze u
susret.“

Bilo je to, zapravo, dvadeset, trideset muškaraca,
od kojih su neki jahali konje a drugi išli pešice, koji
su vodili i dva osedlana konja, a svima su rukavi
odora lepršali na hladnom vetru dok su brzo prilazili
obalom jezera između borova. Kad su se već sasvim
približili, konjanici žurno sjahaše, a pešaci se naklo-
niše pokraj puta, i svi su smerno čekali Tošihitoov
dolazak.

„Izgleda da je lisica obavila dužnost glasnika.“

„U njenoj prirodi je da se prerušava, zato nije ni
čudo što je izvršila ovako laku uslugu.“

Dok su Tošihito i Goi ovako razgovarali, družina
stiže do mesta na kom su vazali čekali.

„Hvala što ste došli“, povika Tošihito. Skupina ko-
ja se klanjala, odmah se uspravi i zauzdaše konje ove
dvojice. Za čas se svi razveseliše.

„Sinoć se desilo nešto neobično.“

Tošihito i Goi sjahaše i nisu stigli ni da posedaju na krznene prostirke, kad jedan sedokosi vazal u tamnocrvenoj odori istupi pred Tošihitoa i tako mu reče.

„Šta to?“, Tošihito upita dostojanstveno, nudeći Goija hranom koju su vazali doneli u drvenim kutijama.

„Slušajte. Sinoć oko osam časova, gospodarica je odjednom izgubila svest. *'Ja sam lisica iz Sakamotoa. Donosim vam poruku koju vam je danas poslao gospodar i zato priđite i dobro me saslušajte!'* Tako nam je rekla. Kada smo se svi okupili oko nje, gospodarica je nastavila: *'Gospodar namerava da dođe iznenada, u pratnji jednog gosta. Pošaljite ljude da mu izađu u susret do Takašime oko deset časova sutra ujutru, i neka povedu dva osedlana konja.'* Tako nam naloži.“

„Ovo je zaista neobično“, složi se Goi gledajući Tošihitoovo i lice njegovog vazala, a na odobravanje i jednog i drugog.

„Nije to sve što nam je gospodarica prenela. Sva preplašena, drhteći od užasa, rekla je: *'Nemojte zakasniti. Ako zakasnite, mene će gospodar oterati'*, a onda je stala da plače neutešno.“

„Šta je posle toga uradila?“

„Odmah posle toga je zaspala. Izgleda da se još uvek nije probudila kada smo mi polazili.“

„Šta kažeš na to?“ Saslušavši vazala, Tošihito pogleda Goija i ponosno reče:

„I divlje zveri služe Tošihitoa.“

„Ništa drugo u mom životu nije me ovako zaprepastilo.“ Češkajući svoj crveni nos, Goi se malo naklonio, a onda otvorio usta sasvim zadivljen. Na brkovima mu je ostalo kapljica sakea.

* * *

Dogodilo se to te iste večeri. Iznuren, Goi je provodio dugu besanu noć u sobi Tošihitoovog dvorca, a pogled bi mu povremeno skliznuo na plamen trščane svetiljke. Jedno za drugim, kroz glavu su mu prolazile razne stvari ---- kako je, ranije te večeri, dok još nisu stigli ovamo, sa Tošihitoom i njegovim slugama prijateljski ćaskao; planina obrasla borovima; potočić; pusta polja; kao i trava, lišće na drveću, kamenje, miris dima vatri zapaljenih po poljima. Onaj osećaj olakšanja, kada je ugledao crveni žar ćumura u dugačkom mangalu pošto su te večeri konačno stigli u ovaj dvorac obavijen izmaglicom naročitog rumenila zalazećeg sunca ---- i to mu se sada, dok leži ovako, činilo kao neka daleka prošlost. Udobno opruživši noge pod četiri, pet palaca debelo postavljenim žutim jorganom, Goi je rasejano posmatrao svoju opruženu priliku.

Ispod jorgana koji mu je posudio Tošihito, nosio je dva, debelo postavljena, komada rublja žute boje. Bilo mu je veoma toplo i samo što se nije oznojio. Tome je doprinosila i omamljenost od čaše sakea popijenog za vreme večere. Naspram rešetkastog zastora oko kreveta bilo je prostrano dvorište studeno od mraza, ali on, tako zanet, o tome nije ni malo brinuo. Sve ovo se uveliko razlikovalo od njegove službene odaje u Kjotu. Pa ipak, u duši našeg Goija postojao je nekakav neuravnoteženi nemir. Pre svega, nestrpljivo je čekao da vreme što pre prođe. A u isto vreme, mislio je da osvit ---- vreme kada će se najesti kaše od jamovog korena, ne sme tako brzo da dođe. A u pozadini ova dva oprečna osećanja koja su nadvladavala jedno drugo, stajao je nespokoj nalik

današnjem prohladnom vremenu, koji je izazvao ne-
očekivan obrt prilika u kojima se našao. Sve ovo ga
je opterećivalo, tako da mu ni dugo očekivana topli-
na nije prizivala san na oči.

U tom času, do ušiju mu dopre nečija vika iz pro-
stranog dvorišta napolju. Po glasu bi rekao da je to
onaj prosedi vazal koji im je izašao u susret, izdavao
neka naređenja. Njegov suvi glas odjekivao je kroz
mraz, a Goiju se činilo da mu svaka njegova reč kao
studena bura prodire do kostiju.

„Svi vi, podanici, dobro me saslušajte! Prenosim
vam gospodarevu želju da svako od vas redom, do
šest časova izjutra donese po jedan koren jama, tri
palca debeo i pet stopa dugačak. Nemojte da zabo-
ravite, do šest časova izjutra!"

Par puta je ponovio naređenje i ubrzo nakon toga
od ljudi više nije bilo ni traga ni glasa, pa za tren oka
zavlada ona ista mirna zimska noć. U toj tišini, čulo
se samo cvrčanje ulja u svetiljci. Plamen je lelujao
poput crvene vate. Goi se suzdrža da ne zevne i opet
ga obuzeše nepovezane misli. ---- Nema sumnje da
im je zbog kaše traženo da donesu korenje jama.
Onaj pređašnji nemir, koji je načas zaboravio kada
mu je pažnju zaokupilo ono što se napolju dešavalo,
opet se nenadano uvuče u njegovu dušu. I dalje je bio
preplavljen, sada još izrazitije nego ranije, onim zlob-
nim osećajem da ne želi da prebrzo bude poslužen
kašom od jamovog korena. Njegova želja „da se do
mile volje najede kaše od jamovog korena", koja će
se, po svoj prilici, tako lako ostvariti nakon svih ovih
godina dugog čekanja, izgledala mu je sada kao uza-
ludna muka. Kad bi samo bilo moguće, on bi poželeo
da sve teče tako što će se prvo pojaviti neka neočeki-
vana prepreka koja će mu makar još za izvesno vreme

onemogućiti da jede kašu, a da posle toga, kada ta prepreka nestane, on konačno dođe do kaše. ---- Dok su mu se takve misli vrtele po glavi poput kakve čigre, Goi, umoran od puta, čvrsto zaspa i utonu u dubok san.

Kada je narednog jutra otvorio oči, prvo što mu je palo na pamet, bilo je korenje jama od prethodne večeri, pa on brzo podiže rešetkasti zastor u sobi. Verovatno se uspavao pa je već prošlo šest časova. Na četiri, pet dugačkih asura raširenih po prostranom dvorištu, oko dve, tri hiljade debala bilo je naslagano u gomilu nalik na planinu, koja je gotovo dotakla ivicu strehe što je štrčala ukoso pod krovom od kore čempresa. Kada je bolje pogledao, shvatio je da su sve to bili neobično veliki korenovi jama, svaki tri palca debeo i pet stopa dugačak.

Goi protrlja sanjive oči pa iznenađen, gotovo izbezumljen, stade izgubljeno gledati unaokolo. Po prostranom dvorištu, na tek pobijenim kočićima bilo je, jedan do drugog, postavljeno pet, šest kotlova, zapremine po dvadeset akova, a oko njih su poslovale desetine mladih sluškinja u belim postavljenim haljinama. Potpaljivale su vatru, džarale pepeo, ili iz novih, nelakiranih vedara presipale sladak sok marante u kotlove, i kud god je sezao pogled, sve su bile zauzete pripremama za spravljanje kaše. Dim koji se dizao ispod kotlova i para koja se pušila iz njih mešala se sa izmaglicom zore koja još nije nestala i čitavo dvorište je bilo obavijeno pepeljasto sivim omotačem od kog su se stvari teško razaznavale, a jedino se crveneo plamen koji je buktao ispod usijanih kotlova. Sve što se videlo i čulo bila je jedna opšta pometnja, kao na kakvom poprištu bitke ili mestu požara. Goi je sada razmišljao o tome kako se ova gomila korenova jama, u tim ogromnim kotlovima od po dvadeset akova pretvara u kašu. Razmišljao je o tome kako je prevalio taj daleki put od Kjota do Curuge u oblasti Ećizen samo da bi se najeo kaše od jamovog korena. I što je duže o tome razmišljao, sve se bednije osećao. A njegov prohtev za ovim jelom, koji je izazivao naše saosećanje prema njemu, u tom trenutku zapravo se već upola smanjio.

Sat kasnije, sedeo je Goi za doručkom sa Tošihitom i njegovim tastom Arihitom. Pred njima se nalazila velika srebrna posuda, zapremine trećine akova, do vrha ispunjena nepreglednim morem kaše od jamovog korena. Goi je ranije video na desetine momaka kako pod onom strehom, vešto baratajući noževima, energično seku one korenove jama, kao da ih delju. Gledao je, zatim, one sluškinje kako se kreću tamo-amo, neprestano ih skupljaju i sve do poslednjeg ubacuju u onih pet kotlova zapremine dvadeset akova. Kada konačno na asurama nije preostalo više ni jednog korena, posmatrao je kako se iz onih kotlova u vedro jutarnje nebo kovitlaju mnogobrojni stubove pare u kojima se mešao miris jama i soka od marante. Stoga nije ni čudo što se on koji je sve to video, kada su ga poslužili kašom od jamovog korena u onoj velikoj posudi, osetio zasićenim pre nego što je i okusio. ---- Goi je sedeo pred onom velikom posudom i sav zbunjen brisao znoj sa čela.

„Čuo sam da do sada niste imali prilike da se do mile volje najedete kaše od jamovog korena. Izvolite, poslužite se bez ustezanja." Tošihitoov tast Arihito naredi slugama da na pladnjeve stave još nekoliko velikih srebrnih posuda. Svaka je bila do vrha napunjena kašom. Goi zatvori oči, a njegov nos koji je i inače bio crven, pocrvene još više dok je u poveću zemljanu činiju sipao otprilike polovinu kaše iz one velike posude, i potom je pojeo preko volje.

„Kao što je moj tast rekao, uopšte ne treba da se ustežeš."

Tošihito ovo izgovori pakosno se smejući i dodade mu sa svoje strane novu veliku posudu. Goi se našao u neprilici. Iskreno govoreći, on nije želeo da pojede ni onu prvu činiju. A ipak, uz izuzetan napor, uspeo je da isprazni tek polovinu velike posude. Kada bi uzeo još malo, uopšte ne bi mogao da je proguta. Ali, s druge strane, ne pojesti još, značilo bi nipodaštavati Tošihitoovu i Arihitoovu ljubaznost. Zato je on opet zatvorio oči i pojeo trećinu preostale kaše. Nije mogao više ni zalogaja.

„Veoma sam vam zahvalan. Baš sam se najeo. -- -- O dragi bože, veoma sam vam zahvalan."

Goi je to izgovorio zamuckujući. Izgledalo je da je u grdnoj nevolji i graške znoja su orosile njegove brkove i vrh nosa, kao da nije zimsko doba.

„Kako vi malo jedete. Naš gost se izgleda usteže. Šta čekate vi tamo?"

Na ove Arihitoove reči, sluge pokušaše da sipaju još kaše od jamovog korena iz novih velikih posuda u zemljanu činiju. Razmahujući rukama kao da tera muve, Goi im iskreno stavi do znanja da više ne želi.

„Ne, ne mogu više. ···· Izvinjavam se, ne mogu više."

Da tog trenutka Tošihito nije iznenada pokazao na strehu kuće prekoputa i rekao: „Pogledajte tamo", Arihito sigurno ne bi prestao da nutka Goija kašom. Ali, na svu sreću, Tošihitoov glas je usmerio pažnju svih na onu strehu. Jutarnje sunce je upravo obasjavalo strehu pod krovom od kore čempresa. Na njoj je krotko sedela neka životinja, izlažući svoje krzno blistavoj svetlosti. Bila je to ona poljska lisica iz Sakamotoa, koju je Tošihito uhvatio prekjuče na putu kroz opustela polja.

„I lisica se uželela kaše od jamovog korena. Momci, dajte i njoj da se najede."

Tošihitoova naredba bila je odmah izvršena. Lisica skoči sa strehe u prostrano dvorište i za tili čas navali na kašu. Netremice posmatrajući lisicu kako jede, Goi se setno priseti kakav je on bio pre nego što je stigao ovamo. Bio je to čovek koga su ismevali mnogi samuraji. Bio je to čovek kome su se čak i deca rugala: „Šta? Ti crvenonosi!" Bio je to jadan i usamljen čovek u izbledeloj odori i pantalonama, koji je tumarao glavnom prestoničkom ulicom Suzaku kao neki čupavi pas lutalica. Ali, istovremeno, bio je to srećan čovek, koji je u sebi čuvao samo jednu žarku želju, da se do mile volje najede kaše od jamovog korena. ---- Odahnuo je kada više nije morao da jede kašu i osetio je kako mu se znoj sa lica postepeno suši, počev od vrha nosa. U Curugi i kada je vedro, ujutru duva hladan vetar koji prodire do kostiju. Sav zbunjen, Goi se uhvati za svoj nos i kinu iz sve snage prema velikoj srebrnoj posudi.

ZMAJ

I

Uđi no Dainagon Takakuni: „Bože, bože, sad kad sam se probudio iz popodnevnog dremeža, dan mi se čini još vrelijim! Nema čak ni povetarca da barem zaljulja cvetove glicinije tamo u borovim granama. Čak je i onaj uvek tako osvežavajući žubor izvora postao nepodnošljiv, nekako izmešan sa glasom cvrčka. Možda bi me sluge mogle rashladiti lepezom.

Šta, ljudi su se već skupili? Da pođem, onda, i ja onamo. Sluge, hajde za mnom i ne zaboravite da ponesete te lepeze!

Zdravo svima! Ja sam Takakuni. Oprostićete mi što ja ovako nepristojno, bez košulje.

Dakle, pozvao sam vas danas u ovaj svoj letnjikovac u Uđiju sa namerom da vas nešto zamolim. Evo o čemu je reč: navrativši ovih dana ovamo, na um mi pade da, kao i svi drugi, ja takođe načinim jednu knjigu, no kad sam o tome dobro promislio, uvideo sam da ja, nažalost, ne znam ni jednu priču koju bi vredelo zapisati. A za lenjivca poput mene nema ničeg goreg od toga da se uludo muči izmišljajući koješta. Nameravam, stoga, počev od danas, da od vas čujem priče iz davnih vremena, jednu po jednu, te da od njih sastavim knjigu. Siguran sam da će mi sa svih strana pristizati priče, zanimljive i neobične, kakve ne bih mogao ni zamisliti ja, koji se motam samo po carskom dvoru i oko njega, i to toliko mnogo da bi se njima mogla napuniti lađa i natovariti kola. Iako znam da mnogo tražim, hoćete li da mi uslišite ovu želju?

Hoćete? Odlično! Da čujem onda redom od svakog od vas po jednu priču.

Ej, sluge! Mašite tim velikim lepezama kako biste nas sve rashladili. Valjda će sad biti bar malo prijatnije. Ti livče i ti grnčaru, ništa se ne ustručavajte. Priđite obojica skroz ovamo stolu. I ti, prodavačice ribe! Ako si na suncu, korpu možeš ostaviti tu ukraj trema. Kako bi bilo da ti, svešteniče, odložiš taj doboš? I ti samuraju tamo, i ti pustinjače, valjda ste već raširili prostirku.

Možemo li? Ako ste spremni, onda nam ti, stari grnčaru, prvi ispričaj šta god hoćeš."

II

Starac: „Hvala vam na tim ljubaznim rečima. Kažete da ćete zapisati sve ono što vam mi, ništavni, ispripovedamo — prevelika je to čast za mene. No, ukoliko bih se samo zahvalio na pozivu, ispalo bi da se protivim vašoj volji, pa ću, uz vaše dopuštenje, ipak ispričati jednu beznačajnu staru priču, za vas možda dosadnu, ali ipak molim za trenutak vaše pažnje.

U vreme kad sam još bio mlad, beše u Nari jedan monah neverovatno dugog nosa, po imenu Kurodo Tokugo Ein. Štaviše, vrh tog nosa mu je neprestano bio strašno crven, kao da su ga izbole pčele. Zato su mu u Nari dali nadimak 'Nosonja' — to jest, ranije su ga zvali 'nosati Kurodo Tokugo', ali to im je bilo predugačko pa ga neko, ko zna ko, nazva 'nosati Kurodo', i tako mu se rugahu. Međutim, uskoro i to ispade predugačko, te ga tako, kao u kakvoj pesmi, stadoše zvati 'Nosonja, Nosonja'. I sam sam ga, zapravo, jednom ili dvaput video u hramu Kofuku u Nari. Bio je to čudovišni crveni nos kakav se retko viđa pa nije čudo što su ga ismevali nadimkom Nosonja. Jedne večeri, taj monah Ein, taj Nosonja, nosati Kurodo ili nosati Kurodo Tokugo, bez svojih učenika, sasvim sam neprimetno ode do obale jezera Sarusava i tamo, baš na nasipu ispred Služavkine vrbe, visoko postavi tablu za obaveštenja na kojoj je krupnim slovima bilo napisano: 'Trećeg dana trećeg meseca iz ovog jezera u nebo će se vinuti zmaj.' Ein, u stvari, nije znao da li u jezeru zaista živi zmaj. Pogotovo je potpuna izmišljotina bilo to da će trećeg dana trećeg meseca taj zmaj poleteti u nebo. Zapravo je izvesnije bilo da se to neće dogoditi. A evo zašto se on upustio u nešto tako besmisleno: njemu je od ranije smetalo to što su svi u Nari, i sveštenstvo i narod, u svakoj prilici ismevali njegov nos i zato je sad on, nosati Kurodo, hteo da jednom nasamari njih, i da ih posle toga do mile volje ismeva — eto sa tom namerom je krenuo u ovaj nestašluk. Mora da vam je ovo sve smešno, no ipak je to priča iz davnih vremena, a tada su ovakva nevaljalstva, u svakom slučaju, posvuda bila moguća.

A sutradan, to obaveštenje prva pronađe starica koja svakog jutra dolaziše u hram Kofuku na poklonjenje Amidi. Kad je, poštapajući se žustro bambusovim štapom u ruci sa brojanicom, došla do obale jezera sa koga se magla još nije digla, ona pod onom vrbom primeti tablu koje do juče tu nije bilo. Pomisli kako je baš čudno to što obaveštenje o održavanju propovedi stoji na tako neobičnom mestu, no kad htede da samo prođe, jer ionako nije umela da čita, u susret joj, srećom, naiđe jedan monah u svešteničkoj odori. Zamoli ga da joj pročita one reči: 'Trećeg dana trećeg meseca iz ovog jezera u nebo će se vinuti zmaj.' — nešto čemu bi se svako iznenadio. Našavši se i sama u čudu, starica podiže glavu i zbunjeno pogleda monahovo lice, pa ga upita ispravljajući povijena leđa: 'Da li se to u ovom jezeru nalazi zmaj?', a on joj na to sasvim smireno odgovori: 'Postoji priča o tome kako jednom davno u Kini nekom učenjaku iznad obrve iskoči kvrga koja ga je nepodnošljivo svrbela. Jednog dana, na nebo se naglo navukoše oblaci, te stade grmeti i liti kao iz kabla, kad se odjednom ona kvrga provali i iz nje se, obavijen oblakom, pravo u nebo vinu crni zmaj. Pa kad se zmaj može naći čak i u kvrgi, onda bi pogotovu na dnu ovolikog jezera moglo biti na desetine aždaja i otrovnih zmija.' Tako joj je, kažu, održao propoved. Kako je starica oduvek verovala da monasi ne lažu, te je reči, prirodno, zaprepastiše i ona kaza: 'Pa da, zato meni ona voda tamo tako čudno izgleda!', pa ostavi monaha samog i dašćući stade prizivati ime bude Amide dok je uzmicala tako žurno kao da više nema vremena ni da se osloni o bambusov štap, iako još ni ne beše treći dan trećeg meseca. I da nije zazirao od drugih ljudi, monah bi posle ovoga pukao od smeha — da, baš tako. Onaj Tokugo Ein zvani Nosonja, koji je to sve i smislio, šetao se, zapravo, obalom jezera da malo osmotri, sa krajnje neprilič-nom pomišlju da se neka ptičica, možda, već uhvatila na obaveštenje koji je prethodne večeri postavio. Međutim, nakon što starica ode, neka žena sa velom, koja po svoj prilici beše poranila na put natovarivši prtljag na svog slugu, već je čitala obaveštenje provirujući ispod širokog šešira. Onda i Ein obazrivo stade ispred praveći se da čita, dok je, jedva suzdržavajući smeh, kroz svoj veliki crveni nos ispuštao zvuk kao da se i sam bog zna kako čudi, a zatim se vrati u hram Kofuku.

Tada ispred Južne kapije hrama iznenada naiđe na monaha po imenu Emon, sa kojim je delio sobu. Susrevši se sa Einom, ovaj malo nabra svoje čupave obrve, što mu je uvek davalo izraz tvrdoglavosti, pa reče: 'Pravo je čudo, brate, što si danas poranio. Da nam se to možda neće vreme promeniti?' Na to mu Ein, smeškajući se samozadovoljno celom dužinom nosa, pun sebe uzvrati: 'Doista će se promeniti. Čujem da će se trećeg dana trećeg meseca iz jezera Sarusava u nebo vinuti zmaj.' čuvši ovo, Emon ljutitim pogledom sumnjičavo stade posmatrati Einovo lice, no ubrzo se grleno nasmejao i rekao: 'Vidim ja da si nešto lepo sanjao. Stvarno, čuo sam da je dobar znak kad sanjaš zmaja koji uzleće na nebo.', pa odmah htede produžiti dalje, visoko uzdižući svoju veliku glavu, no uto je, valjda, čuo kako Ein, kao za sebe, promrmlja: 'Ovom nedokazanom soju baš nema spasa.' Emon se okrene na zubu svoje visoke nanule vezane trakom od konoplje, zlurado pogleda Eina i strogo upita, kao da započinje kakvu versku raspravu: 'Ili možda imaš neki čvrst dokaz za to da će zmaj poleteti u nebo.' Na to je Ein, sa hotimičnom smirenošću, pokazao prema jezeru već obasjanom prvim zracima izlazećeg sunca i podrugljivo uzvratio: 'Ako sumnjaš u ono što ti ovaj neuki monah govori, možeš da pogledaš obaveštenje ispred one žalosne vrbe.' Tu se, izgleda, i tvrdoglavi Emon nađe razoružan, pa trepnu kao da mu smeta svetlo i nezainteresovanim glasom kaza: 'Aha, pojavilo se takvo obaveštenje,' i nastavi dalje da hoda, ali ovog puta nakrivi svoju veliku glavu, kao da o nečem razmišlja. Možete lako pretpostaviti koliko je to bilo smešno nosatom Kurodu koji ga je ispraćao pogledom. Ein oseti nekakav svrab u svom crvenom nosu, i dok se ukočeno penjao kamenim stepenicama ka Južnoj kapiji, nije mogao a da ne prsne u smeh.

Kad je obaveštenje o tome da će trećeg dana trećeg meseca iz jezera Sarusava u nebo poleteti zmaj bilo ovoliko delotvorno već prvog jutra, posle dandva u gradu Nari više nije bilo mesta gde se nije govorilo o zmaju iz jezera Sarusava. Iako je, naravno, bilo i onih koji su govorili da je to „nečija neslana šala", ni oni nisu znali da li bi poverovali ili ne jer se tih dana već mnogo govorilo o zmaju koji je iz vrta Šinsen u prestonici uzleteo na nebo, tako da im se čak činilo da je takav veliki događaj možda ipak moguć.

A onda se opet dogodi nešto sasvim neobično. Naime, dok je, nepunih deset dana kasnije, devetogodišnja kći jedinica nekog sveštenika pri svetilištu Kasuga jedne večeri dremala sa glavom u majčinom krilu, sa neba se poput oblaka spusti jedan crni zmaj i ljudskim glasom ovako kaza: 'Trećeg dana trećeg meseca najzad ću uzleteti na nebo, ali budite spokojni jer nipošto ne nameravam da pričinjavam nevolje ljudima.' Čim se probudila, devojčica sve po redu ispriča majci i o tome se odmah poče uveliko pričati svuda po gradu, kako se zmaj iz jezera Sarusava devojčici javio u snu. Priča potom beše dodatno preuveličana, time kako je zmaj zaposeo jedno dete i ispevao pesmu, te kako se oglasio ukazavši se jednoj proročici, pa se oko toga diže tolika prašina kao da bi zmaj iz jezera Sarusava svakog časa mogao promoliti glavu nad onom vodom. Glavu, istina, neće promoliti, ali tad se čak pojavio i neki čovek koji izjavi da je jasno video zmaja svojim očima. Bio je to starac koji svakog dana dolazi na pijacu da prodaje rečnu ribu. Kad je tog dana, kao i obično, još za mraka prolazio kraj jezera Sarusava, voda prepunog jezera tu pred zoru beše, navodno, nešto svetlija, i to samo na mestu ispod nasipa, kod one žalosne vrbe gde je bila postavljena tabla sa obaveštenjem. Pošto se već uveliko govorilo o zmaju, i on pomisli: 'Pojavilo se, dakle, zmajsko božanstvo!', dok je, da li od radosti ili od straha, sav drhtao kao prut. Ostavivši korpu sa ribom, nečujnim korakom prikrade se polagano, i zagleda se kroz vodu u jezero, držeći se za vrbu. Možda iznenađeno ljudskim koracima, to nešto, tajanstveno i neobično, što poput smotanog gvozdenog lanca beše sklupčano na blago osvetljenom dnu, hitro se razmota i, za čas zatalasavši površinu jezera, nestade neznano kuda. Kad se, videvši to, starac sav obliven znojem vratio do mesta gde je spustio robu za prodaju, ukupno dvadest šarana i karaša, njegova riba, ko zna kad, beše već nestala, čemu su se kasnije neki smejali govoreći: 'Sigurno ga je nasamarila neka stara vidra.' Bilo je, međutim, neočekivano mnogo i onih koji su govorili ovako: 'Neće biti da u tom jezeru žive vidre jer njega čuva zmajski kralj, koji se sigurno smilovao na ribe i pozvao ih u svoje jezero.'

Što se Nosonje Eina tiče, on se u sebi smejuckao mrdajući onim svojim nosem kad je počelo naveliko da se govori o tome da će se trećeg dana trećeg meseca iz jezera u nebo vinuti zmaj. Od tog trećeg dana trećeg meseca sada ih je delilo samo četiri-pet dana, kad, na Einovo čuđenje, izdaleka, čak iz mesta Sakurai u zemlji Secu, stiže njegova tetka monahinja, govoreći da bi obavezno da vidi kako zmaj uzleće u nebo. Tu se Ein našao u neprilici, pa je, čas preteći čas ponizno moleći, na sve moguće načine pokušavao da je vrati u Sakurai, no ona uopšte nije slušala sestrićeve reči, već je bila uporna da tu ostane govoreći mu: 'Ja sam već u godinama i bila bih srećna da u Čistu zemlju odem nakon što se poklonim zmajskom kralju.' Na koncu se i Ein predade jer posle svega više nije mogao da prizna da je to obaveštenje u šali postavio on sam, pa ne samo da je preuzeo brigu o tetki do tog trećeg dana trećeg meseca, nego je morao obećati da će tada zajedno sa njom poći da gleda kako zmajsko božanstvo uzleće u nebo. Sudeći po tome što je čak i tetka monahinja čula za zmaja, ova glasina proširila se ne samo u zemlji Jamato, nego i u okolnim zemljama kao što su Secu, Izumi i Kavaći, a možda je doprla i sve do zemalja Harima, Jamaširo, Omi i Tanba. Drugim rečima, na tu šalu, kojom je hteo da nasamari i staro i mlado u Nari, neočekivano je naselo desetine hiljada ljudi na sve četiri strane sveta. Pomislivši na to, Einu nije bilo toliko smešno koliko ga je hvatao neki užas, pa ga je grizla savest dok je obilazio hramove u Nari pokazujući ih tetki, kao da je on neki zločinac koji krije od redarstvenika. No, kad bi od prolaznika čuo glasine o tome kako neki u poslednje vreme prinose tamjan i cveće pod onu tablu za obaveštenja, osećao bi se neprijatno, ali i radosno kao da je ostvario neki podvig.

I tako, dani prolaziše jedan za drugim dok konačno ne stiže i taj treći dan trećeg meseca, kad će zmaj poleteti u nebo. Pošto je već obećao, Ein više nije imao kud, pa se sa tetkom nevoljno pope na kamene stepenice kod Južne kapije hrama Kofuku,

odakle se jednim pogledom moglo videti jezero Sa-
rusava. Tog dana nebo beše obasjano i potpuno ved-
ro, a vetra nije bilo čak ni toliko da zazvone zvončići
na kapiji, no i pored toga posetioci, koji su jedva
čekali baš taj dan, behu nagrnuli ne samo iz Nare,
već i, kako se činilo, iz zemalja Kavaći, Izumi, Secu,
Harima, Jamaširo, Omi i Tanba. Kad se pogleda sa
stepenica, i na zapadu i na istoku, sve dokle pogled
seže, bilo je more ljudi, koje se, uz huk talasa od naj-
različitijih šešira, protezalo sve do samog kraja izmag-
licom prekrivene široke ulice Niđo. A opet, bilo je tu
i tamo divno opremljenih volovskih kočija, ukra-
šenih isprepletenim plavim ili crvenim koncem, kao
i onih sa krovom od drveta melije, koje su lagano
potiskivale talase ljudi, dok su im zlatom i srebrom
okovane kabine zasleljujuće bleštale pod sunče-
vim zracima tog lepog prolećnog dana. Zatim, bilo
je onih sa otvorenim suncobranima, i onih koji su u
nebo razapeli šatore ravnih krovova, kao i onih koji
su duž ulice naveliko poređali tribine za posmatranje
— prizor oko jezera pod Einovim beše takav da bi
tuda možda mogla proći praznična povorka iz
svetilišta Kamo kad joj za to nije vreme. Videvši sve
to, monah Ein, koji nije ni sanjao da će samim
postavljanjem obaveštenja izazvati toliku gužvu,
potpuno zbunjen okrenu se prema tetki i žalobnim
glasom reče: 'Bože moj, koliko je tu naroda došlo.',
pa ućuta i plašljivo se skvrči pri dnu stuba Južne
kapije, nemajući, reklo bi se, hrabrosti ni koliko da
se javi onim, već pomenutim, zvukom kroz svoj veli-
ki nos.

Tetka, međutim, nikako nije mogla da zna šta se
u njemu događa, već je iz sve snage izvijala vrat, to-
liko da joj se i marama smakla sa glave, i pogledom

kružila tamo-amo, obraćajući se Einu kad god bi stigla: kako je neobične lepote to jezero u kome prebiva zmajsko božanstvo, i kako će se zmaj sigurno pokazati kad je već došlo toliko naroda. Ni Ein nije više mogao samo da sedi, pa bezvoljno ustade i vide da se i tu stvorilo pravo brdo ljudi, s mekim ili samurajskim šeširima na glavi, a među njima i monaha Emona kako netremice posmatra jezero, dok je ona njegova velika glava štrčala znatno iznad ostalih. Ein odjednom zaboravi kako se do tad jadno osećao, pa, zagolican u sebi smehom što je čak i Emona uspeo da nasamari, dozva ovoga rečju 'brate', a zatim nastavi: 'I ti, brate, gledaš kako će zmaj poleteti u nebo.', našta se Emon osorno okrenu prema njemu i neočekivano ozbiljnog lica odvrati, ni ne mrdnuvši onim čupavim obrvama: 'Tako je. Jedva čekam, baš kao i ti.' Ein pomisli kako je lek bio isuviše delotvoran, pa mu onaj poletni glas odmah utihnu, a vrati se opet onaj raniji, neobično žalosni izraz lica. Tupo je pogledao dole ka jezeru Sarusava, tamo s one strane mora ljudi. Ali, površina pomalo ugrejane vode jezera, iz koga je dopirala smirena svetlost, samo je mirno i jasno odražavala trešnje i vrbe oko nasipa, ne pokazujući nikakav znak da će odatle u nebo poleteti zmaj. Da li zato što je kilometrima oko jezera na četiri strane sve bilo gusto ispunjeno posetiocima, jezero je tog dana izgledalo manje nego inače, pa je sama priča o tome da u jezeru obitava zmaj izgledala kao puka izmišljotina.

Izgledalo je, ipak, da su svi posetioci, kao nesvesni da vreme prolazi, napeto, ali strpljivo, iščekivali da zmaj poleti. More ljudi ispod kapije bivalo je sve veće i veće a i broj volovskih kočija uskoro je toliko narastao da su im se osovine točkova ponegde međusobno gurale i pritiskale. Već na osnovu ranije rečenog, verovatno možete zamisliti kako se Ein jadno osećao videvši sve to. Međutim, tada se dogodilo nešto čudno. Naime, i Ein je, ko zna zašto, odjednom poverovao da bi zmaj doista mogao poleteti; zapravo, isprva mu se učinilo da to, ipak, i nije tako nemoguće. Naravno, upravo je on taj koji je postavio obaveštenje pa je bilo neverovatno da mu na um padne takva glupost, no dok je posmatrao talase šešira kako nadolaze i povlače se pred njegovim očima, nekako nije mogao da se odupre utisku da je takav veliki događaj moguć. Možda je to raspoloženje posetilaca neprimetno prešlo na Nosonju. Ili je možda nesvesno počeo da priželjkuje da zmaj doista poleti jer se nekako osećao krivim što je cela ova gužva počela upravo time što je on postavio tablu sa obaveštenjem. Kako god bilo, iako je dobro znao da je te reči napisao on sam, u njemu malo po malo izblede ono jadno osećanje i on, isto kao i njegova tetka, stade neumorno posmatrati površinu jezera. Dakako, kad u to ne bi poverovao, ne bi on, sve i da je morao, ceo bogovetni dan prestajao pod Južnom kapijom čekajući zmaja za koga je znao da neće poleteti.

No, jezero je, kao i do tada, bez i najmanjeg talasa, bleštalo pod zracima prolećnog sunca. Nebo je još uvek bilo obasjano i potpuno vedro, čak ni oblačak veličine pesnice nije po njemu lebdeo. Ipak, posetioci su u senci suncobrana, pod šatorima ili iza ograda tribina, tiskajući se u gomilama i ne primećujući pomeranje sunčeve senke, od jutra do podneva i od podneva do večeri, još uvek očekivali da će se zmaj svaki čas pojaviti.

Kad već prođe pola dana otkako se Ein tu smestio, gore na nebu zaviorio se tanak pramičak oblaka koji je brzo postajao sve veći i veći, a nebo, do tada vedro i spokojno, odjednom se smrači. U tom trenu jedan udar vetra munjevito se sruči na jezero, praveći bezbrojne talase na površini vode koja je do tada bila poput ogledala, i pre no što su posetioci, zbunjeni iako behu u pripravnosti, mogli da dođu k sebi, sa neba se u belim mlazevima izli silovit pljusak. I ne samo to, odjednom se sve stade strašno oriti od grmljavine, dok su se munje bez prestanka ukrštale poput brda na razboju. Odjednom, munja svojom kukastom rukom rascepi nagomilane oblake i još snažno zakovitla vodu iz jezera podižući je u stub, i u tom trenutku u Einovom oku, kao nejasna slika, odrazi se crni zmaj dug preko trideset metara kako se, bleštećih zlatnih kandži, penje pravo u nebo kroz zavesu vode i oblaka. Sve je to potrajalo samo jedan tren, posle čega se kroz oluju videlo samo kako potpuno potamnelim nebom lete latice cvetova sa trešanja oko jezera — a posetioci... Suvišno je govoriti da su se oni od silnog straha bezglavo razbežali na sve strane, praveći pod svetlošću munja talase ništa manje od onih na jezeru.

Kad je pljusak prestao a kroz oblake se promolilo nebesko plavetnilo, Ein pogledom stade kružiti uokolo, sa takvim izrazom lica kao da je zaboravio na svoj veliki nos. Da li je zmaj od maločas bio samo priviđenje — pomislivši to, učini mu se ipak neverovatnim da je zmaj poleteo, utoliko pre što je on taj koji je istakao obaveštenje. Ali, nema sumnje da je video to što je video, pa se čudom čudio što je više o tome razmišljao. Onda podiže tetku koja je, kao mrtva, sedela pored stuba i plašljivo je upita, ne uspevajući da prikrije zbunjenost: 'Jesi li videla zmaja?' Duboko uzdahnuvši, ona na trenutak beše kao zanemela i samo nekoliko puta preplašeno klimnu glavom, a onda i odgovori drhtavim glasom: 'Videla sam, videla, nego šta! To potpuno crno zmajsko božanstvo, bleštavih zlatnih kandži, zar ne?' Znači, nosati Kurodo Tokugo Ein nije video samo priviđenje. Naprotiv, prema onome što je narod kasnije govorio, gotovo svi koji su se tog dana tu našli, i muško i žensko, i staro i mlado, kroz oblak su videli crnog zmaja kako uzleće na nebo.

Ein je posle, jednom prilikom, priznao da je ona oglasna tabla, zapravo, njegovo maslo, ali niko od njegove sabraće, počev od Emona, nije to priznanje smatrao istinitim. Da li je, onda, ta šala ispala baš onako kako je Ein hteo? Ili je, možda, promašila svoj cilj? Sve i kad bismo ga to pitali, ni Nosonja, nosati Kurodo, nosati Kurodo Tokugo Ein na ovo jedno jedino pitanje sigurno ne bi mogao da odgovori."

III

Uđi no Dainagon Takakuni: „Ovo je doista čudnovata priča. Izgleda da je u onom jezeru Sarusava nekada živeo zmaj. Kažeš, ne zna se da li jeste, je li? Ma, nekad davno sigurno je živeo. Svi su tada iz dubine duše verovali da na dnu jezera živi zmaj. Mora da je, onda, leteo između neba i zemlje i povremeno se pokazivao, onako čudesan, poput kakvog božanstva. No, ne bih ja više raspravljao o tome, bolje da čujem vašu priču. Sledeći je putujući monah, zar ne? Šta, junak tvoje priče je monah dugog nosa iz mesta Ikenoo, Zenći Naigu, ili kako već? Biće nam utoliko zanimljivije što dolazi posle priče o Nosonji. Hajde, odmah počni!"

NOS

.

Ne postoji niko u Ikenou ko nije čuo za nos Zen-
ći Naigua. Dugačak je petnaest, šesnaest santimeta-
ra i visi od gornje nausnice do ispod brade. Podje-
dnako je debeo od korena do vrha. Drugim rečima,
visio mu je posred lica, baš kao nekakva kobasica.
Star preko pedeset godina, Naigu je od svojih
iskušeničkih dana, pa sve do danas kada je unapre-
đen u dvorskog sveštenika, u dubini svoje duše sve
vreme patio zbog tog svog nosa. Naravno, trudio se
da niko ne primeti njegovu zabrinutost. To je činio,
ne samo zbog toga što je smatrao da briga zbog no-
sa nije dostojna jednog sveštenika koji bi trebalo da
je u potpunosti posvećen traganju za onozemalj-
skom čistom zemljom. Više je to činio jer nije že-
leo da drugi saznaju koliko je on okupiran sopstve-
nim nosom. Najviše od svega plašio se da se u sva-
kodnevnom razgovoru pomene reč 'nos'.
Postoje dva razloga zašto Naigu nije podnosio
svoj nos. Jedan je bio taj što je dužina njegovog no-
sa iz čisto praktičnih razloga bila neprikladna. Pre
svega, nikako ne može sam da jede. Ukoliko bi to
pokušao, vrh nosa bi mu upao u metalnu činiju sa
hranom. Zato je on, za vreme jela, morao da jednog
od svojih učenika posadi preko puta sebe, da bi mu
ovaj pridržavao nos štapom širokim tri i dugačkim

oko šezdeset santimetara. Ali, ovako obedovati nije nimalo lako ni učeniku koji nos pridržava, ni Naiguu kome se nos pridržava. U to vreme je čak do Kjota stigla priča o tome kako je jednom prilikom mladom slugi, koji je umesto onog učenika pridržavao nos, zadrhtala ruka kada je kinuo, te je ispustio nos pravo u kašu. – Pa ipak, ovo nije bio glavni razlog Naiguovog tugovanja nad svojim nosom. Zapravo, on je patio jer mu je zbog nosa bio povređen ponos.

Ljudi u Ikenou govorili su da je za Zenći Naigua sa tolikim nosom, velika sreća što je svešteno lice a ne običan čovek. Smatrali su da se sigurno nijedna žena ne bi udala za nekog sa takvim nosom. Neki su čak komentarisali da se upravo zbog svog nosa on i zamonašio. Ali Naigu ne oseća da su mu patnje zbog nosa imalo umanjene time što je postao redovnik. Njegov ponos je bio odviše osetljiv da bi na njega imala uticaja tako beznačajna činjenica kao što je ženidba. Stoga Naigu pokušava da svoje povređeno samopoštovanje oporavi na sve moguće načine, kako aktivno, tako i pasivno.

Prvo o čemu je Naigu razmišljao bilo je kako da svoj dugački nos prikaže manjim nego što jeste. Kada nikog nije bilo u blizini, stao bi pred ogledalo i razgledao svoje lice iz različitih uglova, predano razmišljajući o raznim merama. Ponekad se ne bi zadovoljio samo menjanjem položaja lica, već bi strpljivo ispitivao svoj lik u ogledalu, naslanjajući glavu na ruku ili stavljajući prst na vrh brade. Međutim, nijednom se nije desilo da mu nos izgleda dovoljno kratak da bi on bio zadovoljan. Neki put bi mu se čak činilo da, što se on više trudi, to mu nos izgleda sve duži. U takvim prilikama bi Naigu, duboko uzdahnuvši, odlagao ogledalo u kutiju i teška srca se vraćao stočiću za čitanje da bi nastavio sa *Kanon sutrom*.

Naigu je, istovremeno, neprestano obraćao pažnju na noseve drugih ljudi. U hramu Ikenoo se s vremena na vreme održavaju skupovi redovnika i propovedi Budinog učenja. U hramu je izgrađen čitav niz monaških ćelija, a u zajedničkom kupatilu monasi koji prebivaju u hramu, svakodnevno zagrevaju vodu. Zato je i mnogo redovnika i običnih ljudi dolazilo u hram. Naigu je svim tim ljudima pažljivo posmatrao lica. Želeo je da pronađe bar jednog čoveka sa nosom kakav je njegov, ne bi li mu tako bilo malo lakše. Nije on primećivao ni tamnoplavu odeću, ni bele letnje haljine običnih ljudi. Još manje monaške narandžaste kape i sive ogrtače, jer je na njih već navikao i za njega oni kao da nisu ni postojali. Naigu nije gledao ljude, već samo njihove noseve. − Bilo je tu kukastih noseva, ali nikako noseva poput njegovog. Što ih je duže bezuspešno tražio, njegovo srce je bivalo sve nesrećnije. Naigu bi u razgovoru sa nekim nesvesno uhvatio prstima vrh svog nosa koji je visio i zbog tog postupka, neprimereno svojim godinama sav pocrveneo, a to bi učinio upravo podstaknut onim nesrećnim osećanjem.

Konačno je Naigu čak pokušao da u budističkim i drugim spisima otkrije neki lik sa nosom sličnim njegovom i da bar tako nađe neku utehu. Ipak, ni u jednoj sutri ne piše da su Mokuren (Mu Lien) ili Šarihocu (Sa Li Hsien) imali velike noseve. Naravno, i Rju Dju (Lung Su) i Me Mjo (Ma Ming) bili su sveci obdareni običnim nosevima. Kada je Naigu u nekom razgovoru o Kini čuo da je Rju Gentoku (Liu Hsianti), kralj države Šokkan (Cuhan) imao velike uši, pomislio je koliko bi njemu samom bilo lakše da je u pitanju bio veliki nos.

Nije ni potrebno posebno govoriti o tome da je Naigu, i pored ovih pasivnih mera, istovremeno aktivno pokušavao da na sve moguće načine svoj nos skrati. I u tom smislu je učinio gotovo sve što je bilo u njegovoj moći. Probao je i čaj od 'zmijske tikve'. Trljao je nos mišijim urinom. Ali, uprkos svemu, njegov nos i dalje visi u svoj svojoj dužini od petnaest, šesnaest santimetara preko njegovih usana.

Međutim, Naigu je jedne jeseni otpravio jednog svog učenika nekim poslom u Kjoto, i ovaj je tamo od svog poznanika lekara čuo za metod kojim se dugački nosevi mogu skratiti. Taj lekar je još ranije došao iz Kine i u to vreme je bio monah u hramu Ćoraku.

Naigu se, kao i uvek, pravio da na svoj nos ne obraća pažnju i namerno nije ni pominjao da bi hteo da isproba taj metod. S druge strane je prijateljski govorio da mu je žao što svom učeniku zadaje muke pri svakom obroku. Naravno, u dubini duše je jedva čekao da učenik počne da ga nagovara da isproba metod. Mora da je i učeniku bila jasna Naiguova namera. Ali, više od otpora prema takvoj nameri, Naiguovo osećanje koje ga je teralo da taj plan primeni je, verovatno, izazvalo sažaljenje kod njegovog učenika. Kao što se Naigu i nadao, učenik je stao revnosno da ga nagovara da što pre isprobaju metod. A i Naigu je, shodno sopstvenom očekivanju, konačno prihvatio taj ozbiljni predlog.

Metod je bio vrlo jednostavan: nos treba samo skuvati u vodi i zatim ga dobro izgaziti.

U zajedničkom kupatilu hrama svakodnevno se zagrevala voda. Tako je učenik odmah iz kupatila u loncu doneo vodu tako vrelu da ni prst u nju nisi mogao da staviš. Međutim, postojala je opasnost da Naiguovo lice oprlji para kada nos gurne pravo u vodu. Stoga su odlučili da na jednom poslužavniku naprave rupu kroz koju će Naigu proturiti nos, a da poslužavnik stave na lonac kao poklopac. Kada je tako samo nos gurnuo u ključalu vodu, uopšte nije osećao vrelinu. Posle nekog vremena učenik mu se obrati:

– Mora da je već dovoljno kuvan.

Naigu se kiselo nasmešio jer je pomislio da neko ko bi čuo samo te reči, sigurno ne bi shvatio da se one odnose na nos. Ošuren vrelom vodom, nos ga je svrbeo kao da su ga izujedale buve.

Kada je Naigu iz rupe na poslužavniku izvukao nos koji se još pušio, učenik je počeo da po njemu iz sve snage gazi obema nogama. Naigu je, ispruženog nosa, ležao postrance na drvenom podu i posmatrao kako se učenikove noge kreću gore-dole pred njegovim očima. S vremena na vreme bi učenik sažaljivo pogledao Naiguovu ćelavu glavu i upitao bi ga:

– Je l' te boli? Lekar je rekao da treba dobro da ga izgazim. A, je l' te boli?

Naigu je pokušavao da odmahne glavom da bi pokazao da ga ne boli. Međutim, pošto mu je učenik gazio po nosu, nije mogao da pomera glavu kako je hteo. Zato je samo iskolačenih očiju zurio u učenikove ispucale tabane i odgovarao ljutitim glasom:

– Ne boli me.

Pošto ga je učenik gazio po nosu koji ga je svrbeo, zaista mu je više prijalo nego što ga je bolelo.

Posle nekog vremena iz nosa poče da izlazi nešto nalik na zrnevlje. Čitav nos je ličio na neku očerupanu ispečenu ptičicu. Kada je to video, učenik prestade da gazi i reče više za sebe:

– Rekao je da ovo izvučemo pincetom.

Naigu naduva obraze od nezadovoljstva i ćutke prepusti učeniku da čini šta mu je volja. To naravno nije značilo da nije svestan učenikove ljubaznosti. Samo mu je bilo neprijatno što se prema njegovom nosu odnosi kao prema nekom predmetu. Uz izraz lica pacijenta koga operiše lekar u kog nema poverenja, Naigu je nevoljno posmatrao učenika kako mu pincetom izvlači masnoću iz pora. Masnoća je izlazila u obliku drški ptičijeg perja, dužine od jednog i po santimetra.

Kada je na kraju sve završio, s izrazom velikog olakšanja na licu učenik reče:

– Valjalo bi da ga još jednom skuvamo.

Naigu koji se još uvek mrštio i izgledao nezadovoljan, učini kako mu je učenik rekao.

I kada ga je po drugi put izvukao, skuvani nos je bio kraći nego ikad. Nije bio mnogo drugačiji od običnog kukastog nosa. Naigu je trljao svoj skraćeni nos i, oklevajući i sa izvesnom nelagodnošću, bacio pogled na ogledalo koje mu je dodao učenik.

A nos – onaj nos koji mu je visio do ispod brade, zaista se neverovatno skupio i sada, kada je sve ovo istrpeo, stidljivo je stajao iznad gornje usne. Tu i tamo je po njemu još bilo nekakvih crvenih mrlja, verovatno tragova od gaženja. Sada mu se bez sumnje više niko neće smejati. – Naiguovo lice u

ogledalu zadovoljno je treptalo posmatrajući Na-
iguovo lice napolju.

Naigu je celoga dana brinuo da mu se nos opet
ne produži. Zato je, kad god je bio u prilici, i dok
je čitao sutre, i dok je jeo, podizao ruku i krišom
opipavao vrh nosa. A nos je pristojno stajao na
svom mestu iznad gornje usne i nije izgledalo da se
posebno produžava. Kada je potom prespavao noć
i kada se rano ujutru probudio, Naigu je prvo poče-
škao svoj nos. Nos je još uvek bio kratak. Naigu je
zbog toga osetio isto onakvo olakšanje, kakvo je
doživeo kada je pre nekoliko godina završio prepi-
sivanje svih osam tomova *Hoke sutre*.

Međutim, kroz dva-tri dana Naigu je uočio ne-
što što ga je iznenadilo. Samuraju koji je poslom
posetio hram u Ikenou, Naigu je izgleda bio još
smešniji nego ranije, gotovo da ni reč nije mogao
da progovori, već je samo zurio u Naiguov nos. Osim
toga, onaj mladi sluga koji je onda ispustio Naigu-
ov nos u kašu, kada se mimoišao sa njim ispred
dvorane, prvo je pognuo glavu i pokušao da se suz-
drži, a kad konačno više nije mogao da se obuzda,
prsnuo je u glasan smeh. Naiguu se više puta desi-
lo da niži redovnici ponizno slušaju naloge koje im
zadaje, dok su s njim licem u lice, a da počnu da se
kikoću čim im on okrene leđa.

Isprva je to Naigu pripisivao promeni svoga iz-
gleda. Ali to tumačenje, verovatno, nije dovoljno
da bi se u potpunosti objasnila situacija. Tu je, za-
sigurno, ležao uzrok smeha mladog sluge i nižih
redovnika. Smejali su se i ranije dok mu je nos bio
dugačak, ali način na koji se smeju sada, nekako je
drugačiji. Ako njegov kratak nos izgleda smešnije

nego onaj stari, dugački, onda je razumljivo što se smeju. Međutim, izgleda da tu ima još ponečeg.

– Ranije se nisu smejali tako nepristojno.

Tako bi ponekad Naigu promrmljao, prekinuvši čitanje sutre i pognuvši svoju ćelavu glavu. U takvim trenucima naš bi dragi Naigu uvek odsutno zurio u sliku bodisatve Fugena koja je visila pored njega i sav snužden prisećao se vremena od pre četiri, pet dana kada mu je nos još bio dugačak, poput nekog propalog dvorjanina koji priziva svoju slavnu prošlost. – Na žalost, Naigu nije bio dovoljno pronicljiv da bi mogao dati odgovor na ovo pitanje.

– U ljudskoj duši postoje dva potpuno oprečna osećanja. Naravno, nema čoveka koji ne saoseća sa nesrećom drugog. Međutim, ako tom drugom pođe za rukom da se nekako iz te nesreće izbavi, onaj prvi će tad osetiti izvesno nezadovoljstvo. Uz malo preterivanja, rekao bih čak da on, kao da priziva da taj drugi opet bude unesrećen. Tako će, pre ili kasnije, početi da gaji neprijateljstvo, mada pasivno, prema tom čoveku. – Iako nije znao uzroke svemu tome, Naiguu je bilo neprijatno baš zato što je u ponašanju monaha i meštana Ikenoa koji su ga posmatrali, nesvesno video ovu sebičnost.

Iz dana u dan, Naigu je bio sve neraspoloženiji. Bio je naprasit i neprestano je nekoga grdio. Čak ga je i učenik uz čiju pomoć je skratio nos, ogovarao iza leđa: „Naigu će biti kažnjen zbog svojih grešnih postupaka prema Budinom učenju." A onaj koji ga je posebno ljutio, bio je nestašni mladi sluga. Jednoga dana začuo se besni lavež nekog psa i Naigu je izašao napolje da vidi šta se dešava. Kad tamo, mladi sluga, vitlajući štapom dugim oko šezdeset santimetara, juri neko mršavo čupavo pseto.

Juri ga i ruga mu se: „Udariću te po nosu. Pazi! Udariću te po nosu." Naigu ote mladom slugi štap iz ruke i dobro ga ošinu po licu. Taj štap je bio isti onaj kojim su mu ranije pridržavali nos. Naigu je bio ozlojeđen što je tako nepromišljeno dozvolio da mu se nos skrati.

A onda jedne večeri, odmah po zalasku sunca, dunu vetar i do njegovog uzglavlja poče da dopire zvuk zvončića koji su bili okačeni o nadstrešnicu pagode, kako bi objavili dolazak vetra. Uz to je postajalo sve hladnije, tako da stari Naigu nikako nije mogao da zaspi. Zato je ležao u postelji širom otvorenih očiju, kada je osetio da ga nos neobično svrbi. Podigao je ruku da ga opipa i shvatio da mu je nos orošen kapljicama i otečen. Činilo mu se da ima groznicu samo u nosu.

– Možda se razboleo jer je na silu skraćen.

Tako je mrmljao Naigu dok je rukom pritiskao nos, isto onako smerno kako bi prinosio cveće na oltar.

Kada se narednog jutra Naigu kao i obično probudio rano, u porti hrama preko noći je opalo lišće ginka i divljeg kestena, pa je bašta blještala kao da je prekrivena zlatom. Verovatno zbog mraza, devet metalnih prstenova na krovu pagode zaslepljujuće je sijalo na slabašnom jutarnjem suncu. Na tremu sa podignutom nadstrešnicom, stajao je Zenći Naigu i duboko uzdahnuo.

Tog trenutka je ponovo osetio nešto na šta je već skoro potpuno zaboravio.

Zbunjen, stavio je ruku na nos. Ono što je opipao nije bio onaj kratki nos od sinoć. Bio je to isti nos od pre, dugačak petnaest, šesnaest santimetara, koji visi od gornje nausnice do ispod brade. Naigu je shvatio da je njegov nos preko noći postao isto tako dugačak kao i ranije. Istovremeno, vratio mu se i onaj osećaj olakšanja i vedrine, koji je osetio onda kada mu je nos skraćen.

— Sada mi se sigurno više niko neće smejati.

Osetio je to Naigu u dubini svoje duše, dok se u osvit zore njegov dugački nos njihao na jesenjem vetru.

PAUKOVA NIT

I

Jednoga dana, Buda je lagano šetao sâm pokraj Lotosovog jezera u raju. Cvetovi lotosa cvetali su nasred jezera, beli poput bisera i iz njihovih zlaćanih prašnika predivan miris neprekidno se širio okolinom. Mora da je u raju upravo bilo jutro.

Buda zastade na rubu jezera i kroz otvor među lišćem koje je prekrivalo površinu vode, baci pogled nadole. Kako su se baš podno rajskog Lotosovog jezera prostirali ponori pakla, kroz kristalno bistru vodu, kao kroz uveličavajuće sočivo, jasno su se mogle videti reka Stiks i Planina igala.

Baš tada, on opazi lik jednog muškarca po imenu Kandata, kako se zajedno s drugim grešnicima koprca na samom dnu. Taj Kandata je bio strašan razbojnik koji je počinio mnoga zlodela: ubijao je ljude i palio kuće. Ipak je on za svoga života učinio i jedno dobro delo. Beše to ovako: jednom je, putujući kroz nekakvu gustu šumu, ugledao majušnog pauka kako mili pokraj puta. Kandata brzo podiže nogu da ga zgazi, ali istog trenutka pomisli: „Neka je ovo stvorenje i tako malo, ali je ipak živo biće. Svirepo bi bilo da mu tek tako oduzmem život". Tako se on predomisli i pusti pauka da ode, ne ubivši ga.

Gledajući tako dole u pakao, Buda se seti kako je Kandata poštedeo život pauku. Razmišljao je da ga zauzvrat, za učinjeno dobro delo, ako je moguće, oslobodi iz pakla. Osvrnuvši se oko sebe, on srećom ugleda jednog rajskog pauka na lotosovom listu boje žada, gde plete prelepu srebrnu mrežu. Buda nežno prihvati nit paučine i spusti je među biserno bele cvetove lotosa, pravo dole, do najdubljih ponora pakla.

II

Ovde, na dnu pakla, Kandata je zajedno s drugim grešnicima izranjao i tonuo u Jezero krvi. Crna tmina bila je kud god da pogledaš, a kad bi nešto i sinulo u mraku, bio je to samo bljesak bodlje sa strašne Planine igala, te se i Kandata osećao sasvim bespomoćan. Svud unaokolo je vladala gluva tišina kao usred groba i jedino što se čulo s vremena na vreme, bio je slabi uzdah nekog od grešnika. Ljudi koji su pali ovamo, bili su toliko iscrpljeni svakojakim paklenim mučenjima, da nisu imali snage čak ni za jecaj. Tako se i veliki razbojnik Kandata, daveći se u Jezeru krvi, grčio u mukama, poput žabe koja crkava.

Jednoga trenutka, međutim, Kandata slučajno podiže glavu i zagleda se u nebo nad Jezerom krvi. Kad, eto srebrne niti paučine, koja u tihoj tmini jedva svetluca kao da se plaši ljudskih pogleda i spušta se lagano, pravo prema njemu sa dalekih, dalekih nebesa. Kada je to video, Kandata nehotice zapljeska rukama od radosti. Domogne li se niti i krene li da se uz nju penje, sigurno će uspeti da se

76

izbavi iz pakla. I ne samo to, ako bude bio vešt, mogao bi da stigne čak i do samog raja. Tada ne bi više bio gonjen na Planinu igala, niti guran u Jezero krvi.

Čim je to pomislio, grčevito se držeći obema rukama za nit paučine, Kandata poče da se iz sve snage penje, pedalj po pedalj, sve više i više. Oduvek je u tim stvarima bio vešt, tim pre što je nekada bio veliki kradljivac.

Ipak, kako je raj ko zna koliko udaljen od pakla, ma koliko se trudio, nije mogao tako lako da stigne do vrha. Peo se tako Kandata neko vreme, sve dok konačno nije bio toliko umoran da više nije mogao da se podigne ni za jedan jedini pedalj. Nemavši šta drugo, reši da prvo zastane da se odmori, te se viseći tako na polovini puta, zagleda duboko u ponor ispod sebe.

Nisu bili uzaludni njegovi napori, pa je Jezero krvi u kome je do malopre bio, sada već nestalo dole u tami. A i zastrašujuća Planina igala ostala je sada da nejasno svetluca dole, ispod njegovih nogu. Nastavi li tako da se penje, možda će uspeti da se iz pakla izbavi i brže nego što se nadao. Uplićući paučinu obema rukama, stade se smejati i vikati glasom kakvim se nije javio svih ovih godina od kako je dospeo u pakao: „Uspeo sam! Uspeo sam!" Ali odjednom, gle! Za njim se po paukovoj niti žustro penjalo bezbroj grešnika, slični koloni mrava. Kada to vide, Kandata se zapanji, prestravi, poče kolutati očima i ostade razjapljenih usta poput neke lude. Kako li ova tanana paukova nit, koja izgleda kao da se i pod njim samim može prekinuti, izdržava težinu tolikog broja ljudi? Ako se desi da pukne baš sada, na pola puta, kada je posle toliko penjanja stigao dovde, i on sam će se strmoglaviti nazad u pakao. To bi bilo strašno! Međutim, dok je on o tome razmišljao, na stotine, na hiljade grešnika naviralo je mileći iz najcrnjih ponora Jezera krvi i pelo se u nizu uz tananu, blistavu nit paučine. Ako iz ovih stopa ne učini nešto, nit će uskoro pući napola i on će se sunovratiti u bezdan.

Stoga Kandata povika iz sveg glasa: „Ej, grešnici! Ovo je moja nit paučine! Vi dole, ko vam je rekao da se penjete? Silazite! Silazite!"

U tom trenu, paukova nit koja je do sada bez muke izdržavala, naglo puče baš na mestu gde je visio Kandata. Kandata nije mogao ništa da učini. Za tili čas polete kroz vazduh i kovitlajući se poput čigre, pade strmoglavce u mračne dubine.

Na nebu bez meseca i zvezda, visio je tek ostatak blistave, tanane niti rajske paučine.

III

Stajao je Buda na rubu rajskog Lotosovog jezera i netremice posmatrao sve ovo, od početka do kraja, a kad se Kandata kao kamen sunovratio na dno Jezera krvi, on tužna lica krenu ponovo u svoju laganu šetnju. Verovatno se Budi činilo da je sramotno to što je bezdušni Kandata želeo spas samo za sebe, te ga je sustigla prava kazna – ponovni pad u pakao.

Ali, lotosi na rajskom Lotosovom jezeru nisu nimalo marili za sve to. Ti biserno beli cvetovi njihali su se oko Budinih stopala, dok se iz njihovih zlaćanih prašnika predivan miris neprekidno širio okolinom. Mora da se u raju bližilo podne.

TOŠIŠUN

Prolećno je veče...

Pod zapadnom kapijom Rakujoa, prestonice kineske dinastije Tang, stajao je jedan mladić, odsutno gledajući u nebo.

Ime mu je bilo Tošišun i bio je sin nekog bogataša, ali je potrošio svo bogatstvo i dospeo u tako bedan položaj, da se brinuo kako da preživi i taj dan.

Pošto je Rakujo tada bio grad u kome su poslovi cvetali kao nigde na svetu, ulicom su još uvek neprekidno prolazili ljudi i vozila. Pod uljanom svetlošću večernjeg sunca kojom je bila obasjana cela kapija, neprestano su tekle: svilena kapa na glavi nekog starca, zlatne alke na ušima Turkinje, uzde od šarenog konopca kojima je ukrašen beli konj – prizor tako lep, kao da je naslikan.

A Tošišun je i dalje bio naslonjen na zid kapije i zamišljeno zurio u nebo. A na nebu je kroz izmaglicu već plovio mlad mesec, bled i beo, kao kakav noktom izgreban trag.

– Dan je na izmaku, stomak mi je prazan i bilo kud da krenem, niko mi neće dati čak ni prenoćište. Možda bi bolje bilo da se bacim u reku i umrem, nego da živim ovako. – Neko vreme su Tošišunu misli tako lutale.

Tada, ko zna odakle, pred njega stade razroki starac. Kupajući se u svetlosti zalazećeg sunca, dok mu je velika senka padala na kapiju, on reče oholo, netremice gledajući u Tošišunovo lice:

– O čemu ti to razmišljaš?

Kako je starčevo pitanje došlo neočekivano, Tošišun je, oborivši pogled, nehotice iskreno odgovorio:

– Ko, je l' ja? Nemam gde ni da prespavam noćas, pa razmišljam šta da radim.

– Zaista? To je baš tužno.

Starac je, izgleda, neko vreme o nečemu razmišljao, pa prstom pokaza na svetlost zalazećeg sunca koja je osvetljavala ulicu:

– Evo, ja ću ti pokazati nešto lepo. Stani sada na svetlo ovog zalazećeg sunca i tvoja senka će pasti na zemlju, a ti u ponoć kopaj na mestu gde joj je glava. Jer, mora da su na tom mestu zakopana puna kola zlata.

– Stvarno?

Tošišun se zaprepasti i podiže pogled, ali, začudo, onaj starac otišao je ko zna kud i nigde unaokolo nije bilo ni traga ni glasa od njega. Umesto toga, boja meseca na nebu postade još svetlija nego ranije, a dva, tri slepa miša koja su poranila, lepršala su neprekidno nad rekom prolaznika.

II

Tošišun je preko noći postao najbogatiji čovek u prestonici Rakujo. Pošto je, kao što mu je starac i rekao, odmerio svoju senku pod večernjim suncem, a u ponoć uzeo da potajno kopa na mestu gde joj je bila glava, pojavilo se brdo zlata, i više nego za jedna velika kola.

Postavši jako bogat, Tošišun je odmah kupio sebi velelepnu kuću i počeo da živi tako raskošnim životom, da mu čak ni car Genso nije bio ravan. Zapovedao je da mu dobavljaju vino iz oblasti Ranrjo; da mu donose retko voće zvano 'zmajevo oko' iz Keišua; da u bašti sade božure koji četiri puta dnevno menjaju boje; da uzgajaju bezbroj belih paunova; da mu sakupljaju dragulje; da mu šiju odeću od brokata; da mu prave kola od mirišljavog drveta; da mu naprave stolicu od slonovače – kada bi se sav luksuz pobrojao, ovoj priči ne bi bilo kraja.

I onda, čuvši ove glasine, prijatelji koji ga ranije nisu čak ni pozdravljali kada bi ga sreli na ulici, dolazili su na zabave od jutra do mraka. A njihov broj se iz dana u dan povećavao i kada se navršilo pola godine, od mnogobrojnih poznatih uglednih ljudi i lepotica iz prestonice, nije bilo nikoga ko nije dolazio u Tošišunovu kuću. Sa tim gostima on je svakodnevno pravio pijanke, a one su opet bile tako raskošne da se više nisu mogle rečima opisati. I da sasvim skratimo priču, prizor je izgledao ovako: Dok Tošišun iz zlatnog pehara pije vino sa dalekog zapada i kao opčinjen posmatra veštine mađioničara iz Indije koji guta mačeve, dvadeset devojaka, od kojih deset sa kosom ukrašenom cvetovima lotosa od žada, a deset cvetovima božura od ahata, oko njega u krugu svira zanimljive melodije na harfama i frulama.

Međutim, ma koliko bio bogat, pošto bogatstvo ima svoj kraj, rasipnik Tošišun je kroz godinu, dve postajao sve siromašniji. I kako su ljudi bezdušni, prijatelji koji su do juče dolazili, danas i kad prođu pored kapije, ne svraćaju da ga pozdrave. Kada je, konačno, trećeg proleća, Tošišun kao i pre bio bez prebijene pare, u tom velikom gradu Rokujo nije bilo kuće koja bi ga primila na prenoćište. Šta više, niko mu ne bi dao ni čašu vode.

Tako on jedne večeri opet ode pod zapadnu kapiju Rokujoa, gde je stajao izgubljen, odsutno zureći u nebo. Tada, baš kao i prošloga puta, ko zna odakle pojavi se razroki starac i obrati mu se:

– O čemu ti to razmišljaš?

Ugledavši starčevo lice, Tošišun stidljivo obori pogled i ne odgovori mu odmah. Ali, pošto je starac i toga dana ljubazno ponovio iste reči, Tošišun mu ipak ponizno odvrati kao i ranije:

– Nemam gde ni da prespavam noćas, pa razmišljam šta da radim.

– Zaista? To je baš tužno. Evo, ja ću ti pokazati nešto lepo. Stani sada na svetlo ovog zalazećeg sunca i tvoja senka će pasti na zemlju, a ti u ponoć kopaj na mestu gde su joj grudi. Jer, mora da su na tom mestu zakopana puna kola zlata.

Istog trenutka kada je to izgovorio, starac kao i prošlog puta iščeze u gomili prolaznika.

Tošišun je od narednog dana, najedared ponovo postao najbogatiji u čitavoj zemlji. U isto vreme počeo je opet da živi luksuzno, kako mu se prohte. Cvetovi božura koji su cvetali u bašti i beli paunovi koji su se odmarali među njima, potom mađioničar iz Indije koji guta mačeve – sve je bilo isto kao i pre.

Zato su i ova puna kola zlata opet sasvim nestala za tri godine.

III

– O čemu ti to razmišljaš?

Razroki starac je po treći put došao pred Tošišuna i pitao ga isto. Naravno, Tošišun je i ovog puta stajao zaludan ispod zapadne kapije Rakujoa, zureći u svetlost mladog meseca koji je poput srpa cepao izmaglicu.

– Ko, je l' ja? Nemam gde ni da prespavam noćas, pa razmišljam šta da radim?

– Zaista? To je baš tužno. Evo, ja ću ti pokazati nešto lepo. Stani sada na svetlo ovog zalazaćeg sunca i tvoja će senka pasti na zemlju, a ti kopaj na mestu gde joj je stomak. Jer, mora da su puna kola...

Još starac nije ni dovršio, kad Tošišun brzo podiže ruku i prekide ga:

– Ne, neću više novca.

– Nećeš više novca? Je li, luksuz ti je, izgleda, konačno dozlogrdio?

Starac je, sumnjičavog pogleda, netremice zurio u Tošišunovo lice.

– Ma nije mi luksuz dozlogrdio. Ljudi su ti koji su mi se smučili. – Reče Tošišun zajedljivo i sa izrazom nezadovoljstva na licu.

– A, to je zanimljivo. Što li su ti se sad pa ljudi smučili?

– Svi ljudi su bezdušni. Dok sam bio bogat, ulagivali su mi se slatkim rečima, a pogledaj ovo sada, kada sam osiromašio. Ni ljubazno lice mi ne pokazuju. Kad samo pomislim na to! Čak da još jednom postanem jako bogat, čini mi se da od toga ne bih imao ništa.

Čim je čuo Tošišunove reči, starac se značajno nasmejao:

– Stvarno? Ti si čovek koji zna mnogo za svoje mlade godine i to je vredno hvale. Želiš li da od sada živiš siromašnim ali mirnim životom?

Tošišun je za trenutak oklevao, ali odmah zatim podiže odlučan pogled ka starčevom licu i poče molećivo:

– Ni to sada ne mogu. Zato bih želeo da postanem tvoj učenik i da učim vradžbine. Ne, nemoj da kriješ. Ti mora da si neki čarobnjak visokog morala, jer u protivnom ne bi mogao da me preko noći učiniš najbogatijim na svetu. Molim te, budi mi učitelj i nauči me čudesnim čarobnjačkim veštinama.

Starac se namršti i neko vreme nije prozborio ni reč, već je izgleda razmišljao šta da odgovori, ali se ubrzo opet slatko nasmeja:

– Istina, ja sam čarobnjak Tekanši sa planine Gabi. Kada sam prvi put video tvoje lice, izgledao si mi prilično razborito, te sam te čak dva puta učinio jako bogatim. Ali, ako toliko želiš da postaneš čarobnjak, uzeću te za učenika – on rado prihvati Tošišunovu molbu.

Tošišun se jako obradovao. Još dok je starac pričao, on mu se neprestano klanjao, dodirujući čelom zemlju.

– Ma ne zahvaljuj mi toliko. Čak i ako postaneš moj učenik, samo od tebe zavisi da li ćeš postati veliki čarobnjak ili ne. U svakom slučaju ti ćeš prvo sa mnom poći na planinu Gabi. E, imamo sreće, evo jednog bambusovog štapa. Hajde, uzjašimo ga odmah, pa ćemo u jednom letu preleteti nebo.

Tekanši podiže zeleni bambusov štap koji je tu ležao i mrmljajući za sebe čarobne reči, uzjaha ga zajedno sa Tošišunom. Kakvog li čuda! Bambus se, kao zmaj, u tren oka snažno vinu u visinu i polete vedrim, prolećnim večernjim nebom prema planini Gabi.

Prestravljen, Tošišun je bojažljivo bacao poglede nadole. A jedino što je on dole video pri svetlosti večernjeg sunca, bile su zelene planine, dok se zapadna kapija prestonice Rakujo (valjda utonula u izmaglicu) nije mogla nigde videti, ma koliko je on pogledom tražio. Za to vreme, Tekanši zapeva iz sveg glasa, dok su mu sedi pramenovi lepršali na vetru:

Ujutru lutam do Severnog mora,
        a uveče sam na planini Sogo.
Stavljam zmiju u rukav
        i odvažno idem na daleki put.
Tri puta ulazim u kulu Gakujo
        a da to niko ne opazi
i pevajući iz sveg glasa,
        lagano prelećem jezero Dotei.

IV

Zeleni bambus je s njima dvojicom uskoro sleteo na planinu Gabi.

Tu je bila široka stena koja je gledala na duboku dolinu. Mora da je bila na velikoj visini, jer su zvezde sazvežđa 'Velikog medveda', koje su visile s neba, bile velike kao šolje za čaj. Pošto je to bila planina na koju ljudska noga nije nikada kročila, svud unaokolo je vladala grobna tišina, a jedino je do uha dopirao huk noćnog vetra koji je fijukao kroz krivo stablo jednog bora, što je raslo iz litice u pozadini.

Kada su njih dvojica stigla do te stene, Tekanši posadi Tošišuna podno litice i zapovedi mu:

– Ja sada idem na nebo da posetim boginju Seibo, a ti za to vreme sedi ovde i čekaj dok se ja ne vratim. Kada ja odem, pojaviće se razni demoni koji će pokušati da te prevare, ali ma šta da se desi – ti ni za živu glavu ne progovaraj! Jer, ako progovoriš makar jednu reč, to znači da uopšte nisi spreman da postaneš čarobnjak. Je l' ti jasno? Da se sruše i nebo i zemlja, ti samo ćuti!

– Dobro. Neću pustiti ni glasa od sebe. Ćutaću i po cenu života.

– Zaista? Lakše mi je kada to čujem. E, pa ja onda idem.

Pozdravivši se s Tošišunom, starac ponovo uzjaha onaj bambusov štap i nestade pravo na nebu nad goletima koje su, kao okresane, stajale na noćnom svetlu.

Tošišun je ostao sasvim sam i tako sedeći na steni mirno posmatrao zvezde. Tek što je prošao otprilike jedan sat i samo što je noćna studen sa planine počela da prodire kroz njegovu tanku odeću, kada se sa neba iznenada začu ljutiti glas:

– Ko je to tamo?

Ali, Tošišun nije ništa odgovarao, baš kako ga je čarobnjak i poučio.

Posle nekog vremena, međutim, začu se isti glas, oholo i preteći:

– Ako ne odgovoriš, znaj da ćeš začas izgubiti život.

Tošišun je, naravno, ćutao.

A onda, popevši se ko zna kuda, iznenada na stenu skoči jedan tigar vatrenih očiju i ne skidajući pogleda sa Tošišuna, zarika iz sveg glasa. I to nije bilo sve, u istom trenutku se jako zatrese grana bora iznad njegove glave i jedna bela zmija, ogromna kao kakvo bure, sikćući plamenim jezikom siđe sa vrha litice i u tren oka se nađe kraj njega.

Tošišun je sedeo mirno, ni obrvama ne mičući.

I tigar i zmija vrebali su svoju lovinu čekajući pogodan trenutak, i neko vreme se zagledali, a onda, bog bi ga znao ko pre, u isti mah skočiše na Tošišuna. I baš kad je pomislio da će ga tigar zgrabiti zubima ili zmija progutati i da će život izgubiti dok trepneš, i tigar i zmija iščezoše, poput magle, u večernjem povetarcu. Posle toga je samo grana bora na litici šuštala isto onako kao malopre. Tošišun uzdahnu s olakšanjem i stade nestrpljivo iščekivati šta će se sledeće desiti.

Tada počeše snažni naleti vetra i sve beše prekriveno oblacima crnim kao tuš, kad svetloljubičasti bljesak iznenada preseče tminu i prolomi se užasna grmljavina. I ne samo grmljavina. Istovremeno poče i jaka kiša, kao iz kabla. Tošišun je bez straha sedeo na tom nevremenu. Fijuk vetra, pljusak, neprekidni odbljesci svetlosti – neko vreme se pitao da li će se i planina Gabi prevrnuti. Uto zatutnja zaglušujuće snažna grmljavina, a iz crnog oblaka koji se kovitlao nebom, na Tošišunovu glavu se sruči jedan jarkocrveni plameni stub.

Tošišun, ne razmišljajući, pokri uši rukama i pade ničice na stenu. A kad je uskoro otvorio oči, nebo je opet bilo vedro a iznad planina koje su se uzdizale preko puta, zvezde sazvežđa 'Velikog medveda', velike kao šolje za čaj, sijale su jednako kao i pre. Znači i ovaj olujni vetar, kao i tigar i bela zmija bili su vražija posla koja su se odigrala u čarobnjakovom odsustvu. Tošišun je konačno odahnuo i, brišući ledeni znoj sa čela, ponovo seo na stenu.

Nije stigao ni da uzdahne, kada se ispred mesta gde je on sedeo, pojavi veličanstveni božanski ratnik u zlatnom oklopu visok gotovo deset metara. Božanski ratnik je u ruci držao trozubac, čiji vrh uperi u Tošišunove grudi, i stade ga grditi streljajući ga ljutitim pogledima:

– Oj, ko si ti, za ime božije? Planina Gabi je moj dom od davnašnjeg postanka sveta! I pored toga, ti si ovamo kročio sâm i sigurno nisi neki običan čovek. Hajde, ako ti je život mio. Smesta odgovaraj!

A Tošišun je ćutao ne otvarajući usta, baš kao što ga je starac poučio.

– Ne odgovaraš? – I nemoj. Dobro. Ako nećeš, ne moraš, radi kako ti drago. Onda će te moji rođaci iseckati na komade.

Ratnik visoko podiže trozubo koplje, kao da priziva nekoga s neba iznad planina preko puta. Mrak se najedanput raspolovi i na Tošišunovo zaprepašćenje bezbroj božanskih vojnika preplavi nebo poput oblaka. Svi sa blistavim mačevima ili kopljima, spremni da jurnu na njega.

Tošišun vide ovaj prizor i zamalo vrisnu, ali se ubrzo seti Tekanšijevih reči i upe se svim silama da ne progovori. Božanski ratnik se razbesne kada vide da se ovaj ne plaši.

– Ala si ti tvrdoglav! Pošto nisi nikako hteo da mi odgovoriš, oduzeću ti život kao što sam ti i zapretio.

Božanski ratnik to viknu, odmah zamahnu blistavim trozupcem, probode Tošišuna i ubi ga. I dok se grohotom smejao tako da se tresla čitava planina Gabi, nestade bez traga. Naravno, tada i bezbroj božanskih vojnika iščeze poput sna, zajedno sa fijukom noćnog vetra.

A nad stenom, sazvežđe 'Velikog medveda' opet počinje da sija ledenim sjajem. Bor na litici je isto kao i pre šuštao svojim granama. A Tošišun, koji je već izdahnuo, ležao je na leđima.

V

Dok je Tošišunovo telo ležalo na steni licem okrenutim nagore, njegova duša se tiho odvojila od tela i padala dole, u ponore pakla.

Između ovog sveta i pakla postoji put koji se naziva Mračna jama, po čijem večito tamnom nebu fijuče jak vetar, hladan kao led. Nošen tim vetrom, Tošišun je neko vreme lebdeo na nebu kao list sa drveta, ali ubrzo stiže pred veličanstvenu palatu na kojoj je stajao natpis 'Šinraden'.

Ispred palate je bilo mnogo demona koji su opkolili Tošišuna čim su ga ugledali i doveli ga pred jedno stepenište. Na vrhu stepeništa nalazio se nekakav vladar obučen u crnu odoru i sa zlatnom krunom na glavi, koji je dostojanstveno posmatrao okolinu. To je bez sumnje veliki kralj Enma, za koga je on čuo i ranije. Uplašen od pomisli šta će se desiti, Tošišun pade na kolena.

– Hej ti, zašto si sedeo tamo na planini Gabi?

Glas velikog kralja Enme odzvanjao je s vrha stepeništa poput grmljavine. Tošišun htede u prvi mah da odgovori na pitanje, ali mu na pamet pade Tekanšijeva opomena: „Ne progovaraj ni za živu glavu!" Zato je samo pognuo glavu i ćutao kao za-liven. Tada veliki kralj Enma podiže gvozdeno že-zlo koje je držao i nakostrešenih brkova i brade sta-de se oholo izdirati na Tošišuna:

– Šta misliš, gde si ti sad? Bolje brzo odgovaraj, inače ću smesta dati da te stave na paklene muke.

Međutim, Tošišun i dalje nije ni usne pomerao. Kad to vide, veliki kralj Enma se brzo okrenu de-monima, nešto im grubo naredi, a oni se svi kao je-dan pokloniše, zgrabiše Tošišuna i poleteše nebom iznad palate Šinraden.

Kao što već znate, u paklu se, ispod zift-crnog neba ređaju, osim Planine mačeva i Jezera krvi, još i plamena jaruga po imenu Vreli pakao i ledeno more poznato kao Ledeni pakao. Demoni su baca-li Tošišuna čas u jedan, čas u drugi pakao. Mačevi su mu bez milosti probadali grudi, vatra mu je pržila lice, čupali su mu jezik, drali kožu, udarali ga gvo-zdenim maljem, kuvali u kotlu s uljem, otrovna zmi-ja pila mu je mozak, orao mu kljuvao oči – mučenja kojima je on izlagan bila su takva da je nemoguće pobrojati sve njegove patnje. Tošišun je ipak sve stoički podnosio i, čvrsto stisnuvši zube, nije pustio ni glasa.

Mora da su i demoni bili zaprepašćeni time. Još jednom su preleteli nebo tamno kao noć, vratili se pred Šinraden, priveli Tošišuna pred stepenište, pa uglas obavestili velikog kralja Enmu:

– Ovaj grešnik uopšte neće da govori.

Veliki kralj Enme se namršti, neko vreme se du-boko zamisli, ali ubrzo, kao da mu nešto pade na pamet, reče jednom zlom duhu:

– Pošto su otac i majka ovog čoveka sigurno u paklu, pretvoreni u životinje, odmah ih dovedi ovamo.

Demon za tili čas uzjaha vetar i polete prema nebu nad paklom. Ubrzo potom, poput zvezde što pada sa neba, sleti pred Šinraden, terajući dve životinje. Tošišun se prestravio kad ih je ugledao. I to zato što su ove dve životinje, dve bedne rage po izgledu, imale lica njegovih pokojnih roditelja, koja Tošišun ni u snu ne bi zaboravio.

– Hej ti, ako iz ovih stopa ne priznaš zbog čega si sedeo na planini Gabi, onda će tvoji roditelji uskoro osetiti bol.

I pod takvom pretnjom, Tošišun i dalje nije odgovarao.

– Vidi kakav si ti sin. Ti misliš da je u redu da tvoji roditelji pate, samo ako je tebi dobro.

Veliki kralj Enma zaurla glasom od koga se mogao srušiti i Šinraden:

– Udrite ih demoni! Smrvite ovim dvema životinjama i meso i kosti!

Demoni, svi ko jedan, prihvatiše naređenje, ustadoše s gvozdenim korbačima u rukama i stadoše sa svih strana bez milosti tući po konjima. Korbači su sekli vazduh i padali kao kiša, mrveći im kožu i meso. Konji, zapravo u životinje pretvoreni otac i majka, bili su u grčevima od muka, lili su krvave suze i njištali tako da ih nisi mogao gledati.

– Kako je? Je l' još uvek nećeš da priznaš?

Veliki kralj Enma naredi demonima da za trenutak ostave svoje bičeve i još jednom zatraži od Tošišuna da mu odgovori. Već tada je dvoje konja dahćući, iskidanog mesa i izlomljenih kostiju, ležalo u dnu stepeništa.

Tošišun je smogao snage i, sećajući se Tekanši-
jevih reči, čvrsto zatvorio oči. Baš tada, do njego-
vih ušiju dopre jedva čujan slabašan glas:

– Ne brini ništa. Ma šta nam se desilo, za nas ne-
ma lepše stvari od tvoje sreće. Šta god da te veliki
kralj Enma pita, ti nemoj da kažeš ništa što ne že-
liš.

To je sasvim sigurno bio majčin glas, njemu ta-
ko drag. Tošišun nehotice otvori oči i vide jednog
konja klonulog na zemlju kako ga netremice po-
smatra tužnog pogleda. I u ovakvoj patnji majka se
brinula za sina i nije pokazala da žali zbog toga što
su je demoni izbičevali. Kakvo je to blaženo srce,
kakva je to odvažna rešenost, kada se uporedi s
onima koji su mu laskali kada bi postao bogat, a ni-
su ni razgovarali s njim kada bi osiromašio! Toši-
šun zaboravi starčevu zabranu i, saplićući se, pritr-
ča polumrtvom konju, zagrli ga oko vrata obema
rukama i dok su mu se suze slivale niz lice, on kri-
knu: „Majko!"

VI

Osvešćen tim svojim glasom, Tošišun je, rasejan,
još uvek stajao pod zapadnom kapijom Rokujoa,
okupan večernjim suncem. Maglovito nebo, svetli
mesec, neprekidni talas ljudi i kola – sve je bilo isto
kao pre odlaska na planinu Gabi.

– Šta kažeš? Postao si moj učenik, ali nikad ne-
ćeš moći da budeš čarobnjak.

Tošišun, još sa suzama u očima, bez razmišlja-
nja uhvati starca za ruku.

– Ma koliko da sam želeo da postanem čarobnjak, kada sam video kako tamo pred palatom 'Šinraden' u paklu bičuju moju majku i oca, nisam nikako mogao da ćutim.

– Da si samo ćutao... – Tekanši se odjednom uozbiljio i netremice gledao Tošišuna.

– Da si samo ćutao, ja sam baš u tom trenutku hteo da ti oduzmem život. – Ti više nemaš želje da postaneš čarobnjak. A sigurno još manje želiš da opet budeš bogat. Pa, šta bi ti želeo da budeš od sada?

– Šta god da budem, hoću da živim časnim i ljudskim životom.

Tošišunov glas je bio ispunjen vedrim tonovima, kakvih do sada nije bilo.

– Nemoj to da zaboraviš. Onda, više me nikada nećeš sresti.

Tekanši to reče i već pođe, ali ubrzo opet stade i okrenu se prema Tošišunu.

– A, na sreću, sad se setih da u južnom podnožju planine Tai imam jednu kuću. Dajem ti je zajedno sa njivom, pa idi iz ovih stopa tamo da živiš. Mora da je baš u ovo vreme svuda oko kuće breskva u cvetu – dodade on veselo.

DUVAN I ĐAVO

Biljke duvana ranije nije bilo u Japanu. Nema jedinstvenih zapisa u hronikama o tome kada je prenesen u Japan. Negde se pominje period Keićo (1596–1615), a negde period Tenmon (1532–1555). Izgleda da se u nekim oblastima uzgajao već oko desete godine perioda Keićo (1606). S početkom Bunroku perioda (1592–1596), pušenje je već naveliko ušlo u modu, kao što kaže satirični stih – „Stvari koje ne deluju su: zabrana duvana, državni novac, careve naredbe i lekari iz Gentakua".

Inače, na pitanje ko je duvan dovozio brodovima, istoričari odgovaraju: Portugalci i Španci. Međutim, to ne mora da bude i jedini odgovor. Osim ovog, postoji i onaj koji daje legenda. Prema njemu duvan je odnekud doneo đavo. Kažu da je zapravo tog đavola sa sobom u Japan iz daleka doveo jedan katolički misionar (verovatno otac Frančesko).

Kada to tvrdim, možda će me naši hrišćani optužiti da klevetam njihovog sveštenika. Ali, ja bih ipak rekao da je to najbliže istini. Jer, bilo bi sasvim prirodno da je, u isto vreme kada je u Japan preko mora došao zapadnjački bog, došao i zapadnjački đavo, odnosno, da je sa dobrom koje je doneto sa zapada, doneto i zlo.

Ipak, ne mogu sa sigurnošću da kažem da li je taj đavo zaista sa sobom doneo duvan ili nije. Doduše, prema onome što je pisao Anatol Frans, desilo se da je đavo iskušavao nekog monaha cvećem rezede. Stoga se ne može reći da je potpuna neistina to da je duvan u Japan doneo đavo. Pa čak i da to nije istina, ta neistina bi u izvesnom smislu mogla biti neočekivano blizu istine... Razmišljajući o tome, odlučio sam da ovde zapišem legendu o dolasku duvana u Japan.

* * *

Osamnaeste godine perioda Tenmon (1550), đavo je, prerušen u jednog pratioca oca Frančeska Ksaviera, živ i zdrav, posle duge plovidbe stigao u Japan. Đavo je uspeo da se preruši u đaka, jer, dok je pravi đak bio iskrcan u Makau ili nekoj sličnoj luci, njegov crni brod[1] je otplovio sa ostalim putnicima a da niko nije ni primetio njegovo odsustvo. Đavo, koji je dotle visio naglavce, okačen repom o poprečnicu i krišom posmatrao brod, smesta se pretvorio u tog čoveka i počeo danonoćno da služi oca Frančeska. Naravno, ovo nije bilo ništa posebno za ovog gospodina koji se prerušavao u uglednog viteza zaogrnutog crvenim plaštom i tako posećivao doktora Fausta.

Ipak, ono što je zatekao u Japanu, prilično se razlikovalo od onog što je on na zapadu čitao u putopisima Marka Pola. Prvo, ti putopisi kazuju da svuda ima puno zlata, ali koliko god da je zagledao unaokolo, takvog prizora nigde nije bilo. Ako je

---

[1] Brodovi kojima su stranci dolazili u Japan. (Prim. prev.)

već tako, samo kada bi malo noktima zagrebao Isusovo raspeće, stvorio bi zlata dovoljno da iskušava Japance. Zatim, izgleda da Marko Polo govori neistinu kada kaže da se mrtvi vaskrsavaju pomoću bisera ili nečeg sličnog. Ako to nije istina, onda, ukoliko bi krenuo da pljuje u bunare kako bi se raširile opake bolesti, većina ljudi bi u svojim mukama potpuno zaboravila na onozemaljski raj... Dok je u pratnji oca Frančeska, praveći se ozbiljnim razgledao okolinu, đavo je potajno razmišljao o svemu ovome i zadovoljno se smeškao.

Ali, jedna stvar ga je brinula. Ni đavo nije znao kako da to reši. Naime, Frančesko Ksavier je tek došao u Japan pa njegova misija još nije uzela maha, niti je bilo onih koji bi primili hrišćanstvo, tako da nije bilo nikoga čiju bi pobožnost on iskušavao. Zato je, premda je bio đavo, bio i nemalo zbunjen. Pre svega, u početku nije znao kako da ubije dokono vreme...

Posle dugog razmišljanja, đavo se doseti da se bavi baštovanstvom i na taj način prekrati dokolicu. Zato je u uvetu i poneo seme raznih vrsta biljaka kada je pošao sa zapada. Neće mu biti teško da iznajmi njivu za obradu. Šta više, i sam otac Frančesko se složio da je to dobra ideja. Naravno, otac je mislio da je jedan od njegovih pratilaca sa zapada doneo neke lekovite biljke da ih posadi u Japanu.

Đavo je odmah otišao da pozajmi motiku i ašov i počeo neumorno da obrađuje njivu pokraj druma.

Bio je baš početak vlažnog proleća i iz izmaglice koja se spuštala čuo se dubok, uspavljujući zvuk zvona sa nekog dalekog hrama. Zvonjava je bila smirujuća i ti tonovi nisu bili čisti, visoki tonovi koji odjekuju u glavi, kao oni s crkvenog tornja na zapadu... Ali, bilo bi pogrešno da pomislite da se đavo zaista opustio u tom mirnom pejzažu.

Kad je jednom čuo zvona tog hrama, bilo mu je nelagodnije nego kada je čuo zvona crkve Svetog Pavla u Londonu, namrštio se i još neumornije prionuo na obrađivanje njive. Zato što bi njegovo srce, začudo, počelo da se smekšava dok je slušao taj smirujući zvuk zvona i bio okupan ovom toplinom sunčevog svetla. Nije hteo da čini dobro, ali je u isto vreme gubio i želju da čini zlo. I onda bi bio uzaludan njegov dolazak preko mora ovamo, da Japance navodi na iskušenje... Đavo nevičan teškom radu, uostalom i Ivanova sestra[1] ga je prekorila što nije imao žuljeve na dlanovima, sada se zdušno trudio da se služi motikom, jer je po svaku cenu želeo da rastera moralnu pospanost koja mu je ophrvala telo.

Konačno je đavo u roku od nekoliko dana završio rad na njivi i ono seme iz uveta posejao u brazde.

* * *

Posle nekoliko meseci, seme koje je đavo posejao počelo je da klija, stabiljke su rasle i do kraja tog leta široko zeleno lišće pokrilo je čitavo polje. Niko nije znao ime te biljke. A kad ga je otac Frančesko pitao, đavo se samo cerio i ćutao, ništa mu ne odgovarajući.

Za to vreme su na vrhovima stabljika izbili cvetovi u gustim snopovima. Bili su svetloljubičasti i levkastog oblika. Pošto je uložio dosta truda, đavo

---

[1] L. N. Tolstoj – *Priča o Ivanu budalici i njegovoj dvojici braće.* (Prim. prev.)

je zbog tih cvetova izgleda bio srećan do ludila. Zato bi uvek po završetku jutarnje i večernje službe odlazio tamo i vredno negovao biljke.

Onda, jednoga dana (to se zbilo dok otac Frančesko nije bio tu jer je otputovao radi svoje misije na nekoliko dana), pokraj njive prolazio je neki trgovac stokom, vukući za sobom jednu žutu kravu. On ugleda tog đaka-zapadnjaka u crnoj mantiji i sa šeširom širokog oboda na glavi kako stoji usred ograđenog polja preplavljenog ljubičastim cvetovima i trebi bube koje su se namnožile na lišću. Pošto su ti cvetovi tako čudni i retki, trgovac stokom nehotice zastade, skinu slamnati šešir i učtivo se obrati đaku:

– Izvini, oče, kakvi su to cvetovi?

Đak se okrenu. Kratkog nosa i sitnih očiju, izgledao je kao dobrodušni riđokosi čovek.

– Je l' ovi?

– Da, baš ti.

Oslonjen na ogradu, riđokosi je vrteo glavom. Tada reče na lošem japanskom.

– Jako mi je žao, ali to ime ne mogu nikome da kažem.

– Čudno. Da li ti je otac Frančesko možda rekao da nikom ne kažeš?

– Ne, nije.

– Pa onda te molim da mi to ipak kažeš. Jer i ja sam skoro prihvatio učenje oca Frančeska i tako postao vaš vernik.

Trgovac ponosno upre prstom u svoje grudi. I zaista, oko vrata mu je bio okačen mali mesingani krst koji je blještao na suncu. Valjda od tog bljeska, đak se malo namršti, obori pogled, pa mu pola u šali, pola u zbilji, reče glasom koji je zvučao ljubaznije nego ranije:

– Pa ipak ne smem! Jer po zakonu svoje zemlje ne smem ništa da kažem. Nego, ti pokušaj sam da pogodiš. Japanci su pametni i zato ćeš ti sigurno pogoditi. Ako uspeš, dobićeš sve ono što raste na ovom polju.

Trgovac stokom je verovatno pomislio da ga đak ismeva. Sa smeškom na suncem opaljenom licu on nagnu glavu, uz namerno preteranu učtivost.

– Šta bi to moglo biti? Ne mogu odmah da pogodim.

– Ne moraš već danas. Imaš tri dana da razmišljaš. Možeš nekog i da pitaš. Ako pogodiš, daću ti sve ovo. Povrh toga, daću ti i crnog vina. Ili hoćeš možda sliku zemaljskog raja?

Trgovac stokom je izgledao začuđen što njegov sagovornik tako navaljuje.

– Šta da radim ako ne pogodim?

Đak se smejao i odmahnuo rukom dok je nameštao šešir zabačen na potiljak. Smejao se tako oštrim i graktavim glasom da je trgovac stokom bio zatečen.

– Ako ne pogodiš, ti ćeš meni dati nešto. Evo opklade. Opklade ako pogodiš i ako ne pogodiš. Ukoliko pogodiš, ja ću tebi dati sve ovo.

Dok je to govorio, riđokosi je bio opet ljubazan kao ranije.

– Neka bude tako. I ja ću tebe da častim. Daću ti bilo šta što zatražiš.

– Daćeš mi bilo šta? Čak i tu kravu?

– Ako ti se dopada, daću ti je odmah.

Trgovac stokom se nasmejao i pogladio životinju po čelu. On je izgleda još uvek mislio da je sve ovo šala dobroćudnog đaka.

– A ako ja pobedim, dobiću ovu travu koja cveta!

– Važi. Važi. Pogodili smo se.

– Čvrsto smo se dogovorili. Zaklinjem se imenom Isusa Hrista.

Kada je to čuo, đaku sitne oči zasijaše i on zadovoljno šmrknu dva, tri puta. Potom se, stavivši levu ruku na kuk, malo ispruži i desnom rukom dotače ljubičasto cveće.

– Pa, ako ne pogodiš – ja dobijam tvoje telo i tvoju dušu!

Kada to reče, riđokosi zamahnu desnom rukom i skide šešir. U razbarušenoj kosi rasla su mu dva roga nalik na jareće. Zaprepašćen trgovac stokom preblede i ispusti na zemlju slamnati šešir koji je držao u ruci. Smračilo se, te cveće i lišće u polju odjednom izgubiše svoj sjaj. Čak je i krava, kao da se od nečeg uplašila, oborivši rogove mukala glasom kao iz groba...

– Čak i kod mene opklada je opklada. Ti si se zakleo imenom koje ja ne smem ni da izgovorim. Nemoj to da zaboraviš. Imaš tri dana da to uradiš. Pa onda, zbogom.

Đavo je to govorio učtivim i podrugljivim tonom i izveštačeno se duboko klanjao trgovcu stokom.

* * *

Trgovac stokom je zažalio što je naivno naseo na đavolov trik. Ako ovako nastavi, na kraju će đavo uzeti njegovu dušu i telo, koji će goreti u večnoj vatri pakla. Onda je bespotrebno pogazio svoju dotadašnju veru i bio kršten.

Ali, kada se jednom zakleo imenom Isusa Hrista, takvu reč ne može prekršiti. Naravno, da je ovde bio otac Frančesko, već bi se nekako snašao, ali, na nesreću, ni njega nije bilo ovde. Zato je trgovac stokom proveo tri besane noći razmišljajući kako da osujeti đavolovu nameru. U svakom slučaju, nema mu druge nego da sazna ime te biljke. Međutim, ako ni otac Frančesko ne zna to ime, ima li nekog drugog ko to zna?

Konačno, u večeri krajnjeg roka njihove opklade, vukući žutu kravu za sobom, trgovac stokom u potaji dođe do kuće u kojoj je živeo đak. Kuća je stajala pokraj polja, okrenuta prema drumu. Izgleda da je đak čvrsto spavao i nije se videlo ni svetlo lampe na prozoru. Iako je mesec bio na nebu, noć je bila oblačna i maglovita. U tihom i pustom polju, tu i tamo u polumraku, jedva su se mogli nazreti oni ljubičasti cvetovi. Trgovac stokom se s krajnjim naporom ušunjao dovde pošto je smislio plan za koji nije bio baš siguran da će da uspe, ali se nekako uplašio kada je ugledao ovaj prizor u grobnoj tišini i najradije bi se odmah vratio kući. Kada bi pomislio da se iza tih vrata nalazi onaj gospodin sa jarećim rogovima i sanja svoj pakleni san, i to malo hrabrosti koju je skupio nestalo bi u osećanju nemoći. Ali, ako je u pitanju predaja njegove duše i tela u ruke đavola, onda ovo nije trenutak za kukanje.

Zato je trgovac stokom počeo odlučno da sprovodi u delo unapred smišljen plan, moleći se za pomoć Devici Mariji. A plan se sastojao ni u čemu drugom, nego da odreši povodac kojim je vodio žutu kravu i da je iz sve snage udari po bedru da bi je uterao u polje.

Skačući od bolova usred udarca, krava polomi ogradu i pregazi polje. Više puta udari rogovima i u zid kuće. Osim toga, topot kopita i rika moćno su se prolamali po kraju, zatresavši bledu noćnu sumaglicu. Tada se prozor otvori i pojavi se neko lice. U mraku se lice nije moglo prepoznati, ali je to sigurno bio đavo prerušen u đaka. Možda mu se i priviđalo, ali je i u noćnoj tmini jasno video rogove na glavi.

– Stoko jedna, što mi uništavaš polje duvana?

Đavo je urlao pospanim glasom mlatarajući rukama. Očigledno je bio besan što mu je prekinut prvi san.

A u ušima trgovca stokom koji je izvirivao iza polja, đavolove reči su odjekivale poput glasa božijeg.

– Stoko jedna, što mi uništavaš polje duvana?

* * *

Posle toga se sve srećno završava, kao što se uvek zbiva u sličnim pričama. Dakle, trgovac stokom je ismejao đavola uspešno pogodivši ime biljke duvana. Tako mu je pripao sav duvan koji je rastao na polju. Itd, itd...

A ja mislim: nema li ta stara legenda neko dublje značenje? Istina, đavo nije uspeo da prisvoji telo i dušu trgovca stokom, ali je uspeo u tome da se duvan raširi po celom Japanu. Ako je tako, kao što je trgovčevo spasenje, s jedne strane, pratio moralni pad, nije li đavolov neuspeh, s druge strane, u stvari njegov uspeh? Đavo se neće tek tako podići ako padne. Nije li istina da ljudi neočekivano gube i kada misle da su pobedili iskušenje?

Sada ću ukratko pomenuti šta se posle desilo sa đavolom. Čim se otac Frančesko vratio, moćima svetog pentagrama oterao je đavola iz sela. Međutim, izgleda da je on i posle toga lutao unaokolo opet uzimajući đakov lik. Prema jednom zapisu, u vreme izgradnje zapadnjačkog hrama „Nanban", on se često pojavljivao u Kjotu. Ima i glasina da je čovek po imenu Kašin Kođi, koji se poigravao vojskovođom Macunaga Danđoom bio baš ovaj đavo, ali pošto je o tome pisao profesor Lafkadio Hern, ja ne bih o tome ovde govorio. Zatim su i Tojotomi i Tokugava zabranili strane religije, pa je đavo, koji se u prvo vreme još pokazivao, na kraju sasvim nestao iz Japana. U zapisima uglavnom nema više vesti o njemu. Zaista mi je žao što od perioda Meiđi (1868–1912) na ovamo ne mogu da saznam ništa o ovom đavolu koji je ponovo došao u Japan.

O PISCU

Rjunosuke Akutagava (1892–1927) jedan je od najznačajnijih japanskih pisaca. Rođen je u Tokiju i ceo svoj život proveo je u glavnom gradu Japana. Još u njegovom detinjinstvu majka mu je duševno obolela, te je dečaka usvojio i othranio ujak Akutagava Mićijaki, čije je prezime Rjunosuke i nosio. Akutagava je bio izuzetan student engleske književnosti na Carskom univerzitetu u Tokiju. U studentskim danima pokreće i uređuje III i IV kolo časopisa *Nova misaona struja* (*Šinšićo*), gde objavljuje svoju prvu priču, „Starost" („Ronen", 1914). Već sledeće godine, u časopisu *Carska književnost* (*Teikoku bungaku*) Akutagava objavljuje pripovetku „Rašomon" („Rashomon"), a 1916. pripovetku „Nos" („Hana"). Ove priče odmah su mu donele priznanje u literarnim krugovima. Po diplomiranju, neko vreme je radio kao nastavnik engleskog jezika. Međutim, posle uspeha dve zbirke pripovedaka iz 1917. godine, *Rašomon (Rashomon)* i *Duvan i Đavo (Tabako to akuma)*, napustio je školu i potpuno se posvetio pisanju.

Akutagava je pisao *haiku* pesme i eseje, ali je njegova kreativna energija bila usmerena uglavnom na pripovetke, kojih ima oko 150. Zato je pre svega poznat i uvažavan kao izvanredni prozni pisac. On pridaje izuzetnu važnost svom književnom stilu i pravi je perfekcionista u pogledu izbora reči i građenja rečenica. Jezik mu je originalan i živopisan, a u isto vreme koncizan, što je od izuzetnog značaja za formu kratke priče. U svojim delima objedinjavao je različite literarne težnje, a njegov stvaralački opus razvijao se kroz više faza.

Prva faza Akutagavinog stvaralaštva (1914–1920) po opštoj oceni je i najplodonosnija. Karakteriše je motivska, tematska i stilska raznovrsnost. Po tematskim krugovima priče se dele na: pripovetke iz Heian perioda (794–1185); pripovetke o hrišćanima; budističke ili pripovetke iz Edo perioda (1600–1868); pripovetke iz Meiđi perioda (1868–1912) i kineske pripovetke. Akutagava se koristi intertekstualnim pripovednim postupkom. Podlogu za svoja dela nalazi u klasičnim pričama i predanjima iz japanske, kineske, indijske, pa i evropskih književnosti. Najviše podtekstova preuzeo je iz zbirke kratkih priča *Konđaku monogatari* (*Konjaku monogatari*, nepoznati sastavljač, oko 1120–1156). Akutagavinu prozu iz ove faze odlikuju fiktivnost i imaginarnost, a često je protkana psihoanalitičkim elementima. On osvetljava tamnu stranu čovekove duše i odgovara na pitanje – *Šta je čovek?* Na njegovo pisanje uticala je i evropska književnost XIX veka, posebno pisci: Anatol Frans, August Strindberg, Edgar Alan Po, Šarl Bodler, Oskar Vajld, Dostojevski i drugi.

Početak druge faze Akutagavinog literarnog stvaralaštva (1920–1927) obeležava pripovetka „Jesen" („Aki", 1920). Ovo delo predstavlja nagli zaokret od ranijeg pripovednog postupka intertekstualnosti ka realističkom pripovedanju o savremenom svetu. Delom „Iz Jasukićijeve beležnice" („Yasukichi no techo kara", 1923) započinje čitav niz pripovedaka protkanih autobiografskim pojedinostima. U glavnom liku, Jasukićiju, prepoznajemo Akutagavu iz perioda kad je radio kao nastavnik. Značajno ostvarenje autobiografskog karaktera je i „Rani život Daidođija Šinsukea" („Daidoji Shinsuke no hansei", 1925).

Sâm kraj Akutagavinog života obeležava nastup duševnog rastrojstva. Neki istraživači ovaj kratak period izdvajaju kao treću fazu piščevog stvaralaštva. Akutagava je mučen sumnjama u sopstvene umetničke sposobnosti i opterećen time da bi i on mogao postati duševni bolesnik kao njegova majka. Nemoćan da se nosi sa životnim problemima, on sve više zapada u tamu sopstvenog uma, što je neminovno uticalo i na prirodu dela nastalih u tom periodu. Čuveno delo „Župčanici" („Haguruma", 1927), koje je objavljeno posthumno, napisano je pod dejstvom sedativa i odražava njegov unutrašnji svet ispunjen patnjom. Nakon svega, Akutagava je svesno odlučio da uzimanjem prekomerne doze sedativa sebi oduzme život. Njegova prerana smrt označila je kraj jedne epohe, a njegova dela nagovestila su pojavu nove poetike.

U ovoj zbirci prevoda zastupljeno je osam pripovedaka koje su nastale u prvoj fazi Akutagavinog stvaralaštva.

Pripovetka „Rašomon" („Rashomon", 1915) četvrta je Akutagavina objavljena pripovetka, kojom je obezbedio svoje mesto u književnim krugovima. Smatra se temeljom Akutagavinog stvaralaštva iz prve razvojne faze jer predstavlja prototip njegovih kasnijih pripovedaka sa istorijskim motivima. Sâm pisac je bio tako zadovoljan ovim ostvarenjem, da je svojoj prvoj zbirci od četrnaest pripovedaka dao naslov *Rašomon*. Glavni junak je siromašni sluga, koji obuzet gnevom i egoizmom zaboravlja na pravdoljubivost i postaje ono čega se ranije duboko gnušao. U ovoj pripoveci javlja se problem odnosa dobra i zla, koji u čoveku postoje istovremeno kao dve međusobno neodvojive strane ljudske duše.

Pripovetka „U čestaru" („Jabu no naka", 1922), objavljena je u časopisu *Nova struja* (*Shincho*). Kao i mnoge druge i ona se zasniva na motivima iz zbirke *Konđaku monogatari* (XII vek), a kritičari su jedinstveni u oceni da naročito u njoj do izražaja dolazi odstupanje od originalne fabule i piščeva stvaralačka kreativnost. U priči je jedan događaj viđen očima više ljudi prikazan sa različitih aspekata. Nepodudarnosti različitih iskaza nagoveštavaju složenost i zamršenost ljudskih misli i emocija. Na osnovu motiva iz pripovetke „U čestaru", ali i prethodne priče „Rašomon", nastao je film Rašomon čuvenog japanskog režisera Akire Kurosave.

Pripovetku „Kaša od jamovog korena" („Imogayu", 1916) Akutagava je objavio u časopisu *Novi roman* (*Shinshosetsu*). Inspiraciju za ovo delo pisac je ponovo našao u zbirci *Konđaku monogatari*, ali je zanimljivo i to što se na planu karakterizacije likova primećuju elementi iz Gogoljeve pripovetke „Šinjel". Nesrećni Goi, mali čovek izgubljen u surovom svetu, ima samo jednu želju u životu: da se do mile volje najede svog omiljenog jela. Ali, nasuprot očekivanjima, dostizanje cilja nije ga učinilo srećnim. Naprotiv, dugogodišnju žudnju smenjuje razočaranje i osećaj praznine. Tako se Akutagava i dalje bavi razotkrivanjem varljive prirode čovekovih ideala, koji su vredni samo dok se ne ostvare.

Kada je u časopisu *Središte javne kritike* (*Chuo koron*) Akutagava čitaocima predstavio priču „Zmaj"

(„Rju", 1919), bio je to zaokret od pripovedaka tematskog kruga o Heian periodu ka više realističkoj prozi. Ova pripovetka ima neobičnu temu, koju Akutagava obrađuje sa sebi svojstvenom lakoćom. Do izražaja dolazi čvrstina kompozicije i piščeva veština u komponovanju rečenica. I dok su je kritičari ranije smatrali manje vrednom od nekih drugih Akutagavinih dela, savremeni znalci čak naglašavaju kako ova pripovetka pokazuje veći stepen spisateljske zrelosti i veštine nego „Rašomon". Zanimljivo je da je na samom kraju pripovetke „Zmaj" najavljena sledeća pripovetka koju ovde predstavljamo.

To je pripovetka „Nos" („Hana", 1916), koja takođe ima podtekst iz dela Konđaku monogatari. Glavni lik je budistički sveštenik Zenći Naigu. On duboko u sebi pati zbog svog velikog nosa, koji je predmet ismevanja okoline. Kada mu ipak pođe za rukom da nos smanji, preplavljuje ga osećaj sreće jer je očekivao da će povratiti unutrašnji mir i dostojanstvo. Međutim, tu njegovim brigama nije kraj. Unutrašnja patnja se nastavlja sve do dana kad mu se nos ponovo produži. Ovoga puta, svoj fizički nedostatak Zenći dočekuje sa radošću. Akutagava podvlači čovekove slabosti i naglašava da njegova sreća zavisi od stava okoline.

„Paukova nit" („Kumo no ito", 1918), prvi put je objavljena kao priča za decu u časopisu „Crvena ptica" („Akai tori"). Pripovetka se oslanja na staru indijsku priču. Akutagava ističe još jednu čovekovu manu, a to je sebičnost. Paukova nit uspeva da izdrži čitavu gomilu ljudi, ali ne i sebičnost jednog čoveka.

Za pripovetku „Tošišun" („Toshishun", 1920) Akutagava sižejnu strukturu preuzima iz kineske „Priče o čarobnjaku Tu Tze–Chun" iz perioda dinastije Tang.

Kineska priča je duža i složenija. Akutagava menja vreme i mesto događanja, a napisao joj je i sasvim drugačiji, srećan završetak. Pripovetka govori o lakovernosti i bezdušnosti ljudi, pa i samog Tošišuna, mada sa krajem koji je osmislio Akutagava ipak ostaje zračak nade da čovek iz mnogih svojih grešaka i stranputica može izvući određenu pouku.

„Duvan i đavo" („Tabako to akuma", 1917) je priča koja se bavi hrišćanskim motivima. Glavna misao ove pripovetke sadržana je u jednoj rečenici: „Nije li istina da ljudi neočekivano gube i kada misle da su pobedili iskušenje?" Akutagava razmatra čovekov uspeh, koga često, premda neočekivano, prati moralni pad.

Ove pripovetke su tek mali deo Akutagavinog stvaralaštva, ali se nadamo da će našem čitaocu ipak približiti moć njegove reči i duh starina, koji je pisac oživljavao kako bi osudio slabosti savremenog čoveka.

Danijela Vasić
Dalibor Kličković

SADRŽAJ:

III

Izdavačko preduzeće
RAD
Beograd, Dečanska 12
radbooks@eunet.yu

*

Za izdavača
SIMON SIMONOVIĆ

*

Priprema
Grafički studio RAD
*
Likovna oprema
NENAD SIMONOVIĆ

*

Lektor i korektor ·
BOJANA GRBIĆ

*

Štampa
Elvod-print, Lazarevac

CIP – Каталогизација у публикацији
Народна библиотека Србије, Београд

821.521-32
821.521.09 Акутагава, Р.

АКУТАГАВА, Рјуносуке

Rašomon i druge priče / Rjunosuke Akutagava ; preveli s
japanskog Danijela Vasić i Dalibor Kličković. – Beograd : Rad, 2008
(Lazarevac : Elvod-print). – 112 str. ; 18 cm. (Reč i misao ; knj. 587)

Izv. stv. nasl. : Rashomon / Ryunosuke Akutagawa. – Str. 105–110:
O piscu / Danijela Vasić, Dalibor Kličković.

ISBN 978-86-09-00990-7

a) Акутагава, Рјуносуке (1892-1927)
COBISS-ID 150255884

www.ingramcontent.com/pod-product-compliance
Lightning Source LLC
LaVergne TN
LVHW021550080426
835510LV00019B/2459